第一次自助游超简单

SINGAPORE

第一次自助游新加坡超简单

2015—2016年版

行遍天下记者群　编著·摄影

北京·旅游教育出版社

CONTENTS

第一次自助游新加坡超简单
2015—2016年版
Maybank
HSBC
HSBC
STRAITS TRADING
STRAITS TRADING

玩新加坡的N大理由

短期天数旅游也可以畅游新加坡

新加坡是一个麻雀虽小但五脏俱全的国家，吃喝玩乐样样精采。北京飞新加坡航程时间约6个小时，想要来个周末的小旅行，利用短短的时间也可以畅游新加坡。新加坡全境交通发达，不会在交通上花费太多时间，可以把握有限的时间好好玩乐新加坡！如果假期有限，又不想花太多时间在计划行程上，新加坡是一个可以轻轻松松说go就go的旅游选择。

捷运大众运输工具便宜方便迅速

新加坡的MRT地铁与公车与北京大致上是相同的，地铁跟公车的连结系统也做得很好，车厢内干净整齐，让人搭乘感到舒适。主要的景点地铁都可以到达，如果想要去比较远的地方，又不想花太多计程车车费，可以考虑搭乘地铁再转乘公车，一样可以轻轻松松到达目的地。

英语汉语闽南话都可沟通无障碍

新加坡是一个多元种族文化融合的国家，主要官方语言是英语，但由于有不少华人，因此汉语和闽南话也可以沟通。无论是观光景点、大众运输工具或是餐厅等地方，几乎都可以看到中文，即便英语不很流利，也是可以在新加坡自助旅行的，语言绝对不是问题！

多元族群文化和无国界饮食文化

新加坡主要族群有华人、马来人、印度人。由于浑然天成的地理优势，使其成为国际金融中心，观光业亦发达，吸引不少世界各国的人到此造访、工作和居住。在这样多元文化融合激荡之下，产生出丰富的族群文化和多样的饮食文化。在新加坡，可以品尝到地道的东南亚佳肴，同时也可以尽情品尝各国不同的美食，无论是西式、中式、中东菜、印度菜、泰国菜等，都可以满足味蕾！

治安无虑环境整洁亚洲花园城市

新加坡治安良好，街道也干净整洁，城市充满绿意，有许多绿地和树阴。新加坡法规严谨，但只要前往旅游前，先大概了解一下基本法规，就不用太过担心。整个城市干净整洁、绿草如茵，虽然气候终年炎热，但却让人感到清爽舒服，让旅游的心情更加愉悦。

国际瞩目展览新加坡节庆大汇集

新加坡是一个国际的大都市，很多国际的展览都会到新加坡举办，常常有机会可以看到世界级的展览和活动。一年到头都有各式各样不同的庆典，一年一度的F1一级方程式赛事、新加坡美食节、新加坡购物节等精彩盛事，有许多不容错过的精彩活动，为旅行增加不少乐趣和回忆。

国际精品设计名品尽情享受购物

许多国际名牌在新加坡都设有亚洲旗舰店，还有许多在北京买不到的品牌，在新加坡这个购物天堂，绝对可以尽情享受逛街乐趣！商店多数集中在特定某几个地区，只要去那些地区，便可将所有品牌一网打尽，省去东跑西跑的时间和精力。

艺术设计建筑美学体验视觉飨宴

近年来新坡有不少新颖的建筑物，与原有殖民地色彩的建筑物相得益彰。新加坡不只金融观光业发达，近几年政府也致力于文化艺术发展，已经举办过几届的新加坡国际艺术博览会也吸引了不少人的目光。文化艺术的种子持续在新加坡发芽，期许有朝一日也能成为国际注目的焦点。

Chapter 1

认识新加坡篇

1

新加坡和台湾的时差?

新加坡（UTC+8）和北京的时差，时间是一样的。

2

去新加坡需要办签证吗?

可凭本人有效证件到新加坡驻华使领馆（包括驻北京大使馆、驻上海总领馆、驻厦门总领馆、驻香港总领馆）办理。详情请咨询以上机构或查询出境旅游网：http://www.utourworld.com。

若人已身处新加坡，请向当地移民局申请延长签证。新加坡移民局，电话（65）6391-6100，网址：www.ica.gov.sg。

3

新加坡的气候?

全年天气炎热，阳光炙烈，有时午后常有骤雨，故随身携带雨具是必要的，更要做好防晒工作。全年温度大约维持在24℃～32℃之间，可以说四季如夏，温暖而潮湿。每年11月至次年2月是新加坡的雨季，6~8月为最热的时期。

与新加坡有关的

4

什么月份前往新加坡最合适?

新加坡全年几乎都有节日庆典，如果对多姿多彩的节庆感兴趣的话，可在1月或2月去，有盛大的印度节庆“大宝森节”（Thaipusam）；如果购物和美食是主要目的，7月去比较合适，有“新加坡美食节”（Singapore Food Festival）和“新加坡特卖会”（Great Singapore Sale）；如果想体验新加坡特有的夜间F1一级方程式赛车赛，可在9月前往。但这些时间通常机票、饭店较难预订，须提早规划。

5

新加坡的交通?

中国内地到新加坡的交通便利，许多航空公司每天都有直飞新加坡的班机，如果想节省旅费，还有众多廉价航空可供选择，而中国各地直飞新加坡之飞行时间不等，多为直飞航班，无须转机。

新加坡市内交通极为完善，主要的交通工具有地铁MRT、巴士、计程车和船，几乎各大主要景点都可以靠大众运输工具到达。但要注意的是新加坡曾是英国的殖民地，在各种制度及建设上沿袭英国，故开车为右驾，行驶车道为靠左，在过马路时须当心。

6 在新加坡讲汉语也通？

英语为全国共通的官方语言，但由于国家人口组成有众多华人，故福建话、广东话、潮州话及客家话等方言亦可通用；如果对于自己英文能力信心不足，在新加坡讲中文甚至是闽南语也是可以沟通的，而大多数旅游景点和餐厅都有中文标示，无须担心语言无法沟通的问题。

7 新加坡的货币与物价？

新加坡的法定货币为新加坡元（简称新元或新币，Singapore Dollar, SGD）。新币 1 元约可兑换人民币 4.8 元（依 2014.10 汇率）。

新加坡普遍消费物价都较高，以吃饭消费为例，如果要上餐馆吃饭，平均消费在新币 12~15 元以上，还需要加上 7% 的货品服务税（Goods and Services Tax, GST）和 10% 服务费（Service charge）。如果在小吃店或熟食中心用餐，平均消费则约在新币 3~10 元左右。至于购物方面，物价比中国内地稍高些，但同一家商店消费满新币 100 元，即可在离境前申请退税。

20个问题

出发前一定要知道的事！

8 新加坡的饮食？

新加坡是一个多民族的国家，有华人、马来人、印度人，因其种族的多元化，因而饮食也多彩多姿。无论是中菜、西餐、泰国菜、印尼餐，还是马来风味、印度风味的饮食，应有尽有。在一年四季都是炎热天气的的新加坡，不少菜肴都偏辣、偏咸和偏甜。新加坡的饮食习惯是每天用餐超过三次，除三餐正餐之外，宵夜也是十分重要的，如果深夜肚子饿，倒是有不少地方可以觅食。新加坡人习以为常的饮食去处为"熟食中心"（Food Court/Food Center），数量多且聚集密度高，往往在这些熟食中心里有许多当地美食，值得一试！

9 新加坡的国民所得？

新加坡不产油也没有天然资源，但凭借着计划周详、执行力超强的政府领导，创造了无数经济奇迹，国民所得高达 51 161 美元（2012 年）。

10 新加坡电压及插座

新加坡电压为 220-240 伏特，50 周波，插座为 G 型三孔插座。由于电压与中国内地不同，建议旅游前先确认电器的电压，并且携带转接头。

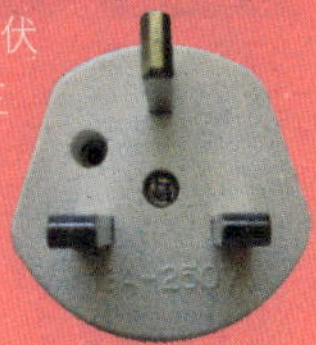

11 新加坡的基本法规?

新加坡被称为“FINE COUNTRY”。当地人说此“FINE”有两种意思：好跟罚款；其治安良好全球皆知，严刑峻罚却也举世闻名，是目前少数保有绞刑与鞭刑的国家，且罚则甚多，前往旅行前最好先了解些禁令避免触法。

新加坡有一些特殊的法规，如，禁止进口与贩售口香糖，而进口违禁药品最重可能会处以死刑，携带药品最好有医师处方。另外还有不能随地丢垃圾、随地吐痰及任意穿越马路等，若附近无行人穿越道，则可在红绿灯处穿越马路，而地铁除禁止吸烟、饮食外，更禁止携带榴梿上车，违法者依轻重惩处。

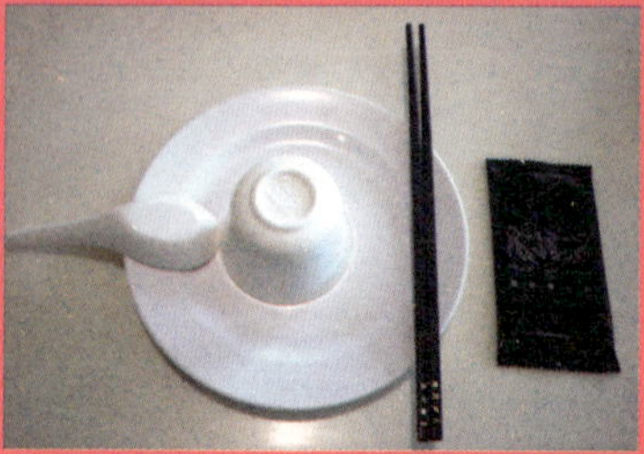

12 湿纸巾要收费?

在新加坡，有些餐厅桌上放置了湿纸巾，请注意这并不是免费供应的喔！如果没特别告知不需要湿纸巾，结账时会被加收每人新币 0.2~0.8 元。特别是海鲜餐厅，通常都需要用到湿纸巾擦手，结账时看到这笔收费，可别感到太意外。顺便一提，在某些熟食中心和某些场所，上洗手间也是要收费的，建议身上随时带些零钱，免得到时想上洗手间却苦于无零钱。

13 新加坡需要给小费?

一般至酒店或餐馆消费，店家会收取 10% 的服务费，原则上不需另外支付小费，但是在某些餐馆和酒吧会有设置小费箱，金额因人而异，如果满意服务人员的服务，可以酌量给予小费。

14 饮用水可生饮吗?

新加坡的自来水可以生饮，但如果觉得不放心，可以把水煮开，或是买瓶装矿泉水。

15 买东西可以杀价吗?

新加坡有些地方是可以讲价钱的，例如，小印度和 Bugis street 某些摊贩和商家，可以尝试交涉价钱。购物商场和百货公司则是不二价，但有时候会给观光客优惠折扣，或是与某些特定信用卡公司合作而给予购物折扣，还是可以捡点便宜的。

16 买东西需提防诈骗？

新加坡治安良好，对观光客也很保护，在维护游客消费权益上有完善的法律规范与申诉渠道，但是买东西还是要货比三家不吃亏，购物时先问清楚价钱，以免到付钱时才发现价格不斐。如果遇到购物纠纷，可以拨打新加坡旅游局购物投诉电话：1800-736-3366。

17 新加坡的夜生活？

新加坡白天给人循规蹈矩的印象，但夜生活却是热闹非凡。除许多餐馆可为旅客提供夜晚的好去处外，各区也几乎都有夜店和酒吧分布，著名的夜店酒吧汇集处在克拉码头和滨海湾附近。新颖且具特色的酒吧和夜店，吸引众多当地人和游客前往，体验新加坡多采多姿的夜生活。

18 新加坡香烟贵吗？

新加坡烟价全球第 2 贵，而且对于私烟采取重罚，一包香烟的价格约莫在新币 10～12 元。且新加坡境内许多地方禁止吸烟，如餐厅、剧院、博物馆、购物商场等，甚至 Pub、酒吧、卡拉 OK 等夜店亦全面禁烟，要吸烟之前记得认清楚吸烟和非吸烟区，以免受罚。

图片提供／neojeon

19 吃饭打包的讲法

如果去当地熟食中心或餐厅点餐，被问到是要“吃”还是“包”时可别感到疑惑，“吃”即是内用、在店内吃的意思，而“包”则是打包、外带之意。有些餐厅跟熟食中心，外带打包是要额外收费的，视包装容器的大小质料有不同的收费标准。

20 新加坡有合法红灯区？

新加坡虽严刑峻罚，娼妓却是合法的。合法红灯区就位于芽笼区（Geylang），凡门口挂红灯笼的，便是她们的标志。在这条长约 1 公里的大道（总共 42 巷），两旁是小巷，左边以各式餐饮店为主，而右边则是寻花问柳之地。其中还有上百家廉价的酒店聚集在此区。

新加坡基本情报

有了这些知识，是成为新加坡通的第一步！

地理环境

坐落于马来半岛最南端，北以柔佛海峡与马来西亚相隔，南以新加坡海峡与印尼相望。位居欧、亚、非、澳四大洲航线交通枢纽。领土包括新加坡本岛及散落邻近海域的63个岛屿，总面积约710.2平方公里。

气候

为典型热带型气候，四季如夏，平均温度在27℃，最高气温在4～7月间，约为32℃，11月至次年2月较低，约为25℃。新加坡最潮湿的季节从12月到翌年3月；6~9月最为干燥。4、5月及11、12月为季候风交替的月份，下午至傍晚时分，全岛经常会有雷阵雨。新加坡的天气往往在一天之内多发无预警的变化，建议随身携带雨具可遮阳和避雨。

图片提供／Chai Sabz

人口

新加坡为多元种族国家，全国人口约518 万人，华人约占总人口的74.1%，马来人约占13.4%，印度人约占9.2%，其他约占3.3%。除本国的多元文化和族群之外，在东西方文化碰撞之下，也激荡出许多文化融合和冲击的火花，在饮食、文化、语言等方面皆呈现出多样化的形态。在新加坡，你可以看到来自世界各地的人，无论是欧美、中东、东南亚等国家，也有许多外籍的工作者。

■新加坡小常识

新加坡著名地标鱼尾狮的由来

鱼尾狮（Merlion）是一种虚构的狮头鱼身动物，设计灵感来自于新加坡历史的一个传说。源自于《马来纪年记》内的记载，Sang Nila Utama王子在航抵新加坡时发现了一只神兽，因形貌仿如狮子，故以梵文Singapura为这座岛屿命名，即为狮子（Singa）城（pura）之意。狮城之名不胫而走，而鱼身则是象征新加坡本是由一个小渔村所发展而来的。目前，新加坡共有5座经观光局认可的鱼尾狮雕像，如果来到新加坡旅游，别忘了去造访新加坡著名地标——鱼尾狮。

语言

英语、华语、马来语及泰米尔语均为官方语言。在新加坡有相当多的人能使用双语。其中英语与华语为最通行之语言。因来自中国南部各省的华人移民众多，其祖籍家乡话，如，福建话、广东话、潮州话及客家话等亦保存下来。多元语言也对新加坡使用的英语类型产生了影响，在英语谈话中会混合马来语、华语及印度语，被称为新加坡式英语（Singlish）。

宗教

多种族的新加坡的宗教信仰也十分多元。新加坡宪法保障宗教自由，各种宗教信仰在此兼容并存。大部分的华人信奉佛教或道教，也有部分人信仰天主教或基督教。由于新加坡马来人与印度人不少，伊斯兰（回教）及印度教也是重要的宗教信仰之一。

新加坡小常识

新加坡车牌大有学问

新加坡国土范围有限，对车辆的管制严格，买车大不易，要买车之前还必须先向政府购买买车执照，至于不同颜色的车牌，开上路的时间也有限制，不是人人都能负担起一辆车。一般的自用汽车采用前车牌为白底黑字和后车牌为黄底黑字。非高峰时间用车辆，是指被限制在周一至周五的非高峰时间（19:00~07:00）及周六15:00以后和周日（包括公共假日）全天候行驶的汽车。

图片提供 / epSos.de

经济状况

图片提供 / HooLengSiong

新加坡为亚洲的运输及金融中心，观光业也十分兴盛，吸引着世界各地的观光客和外来移民。新加坡经济高度自由，以金融服务业、商业、观光业及制造业为主。其中尤以金融服务业最为重要，全球知名银行会聚，为全球第四大外汇交易市场。每人平均GDP持续增长，俨然为亚洲经济新龙头。

国旗

新加坡国旗，又称星月旗。由红、白两个平行相等的长方形组成，左上角有一个白色新月及5颗白色五角星。其颜色代表的意义：红色，为平等与友谊；白色，则是纯洁与美德。新月象征新加坡是新建立的国家，而5颗五角星代表了国家的理想：民主、和平、进步、公正、平等。

国情

国家政治清明，政府官员薪资高且廉洁，执行法令严谨；是以新加坡人守法，国家治安佳的形象全球知名。新加坡是个多元种族的移民国家，也是全球最国际化的国家之一。人口组成复杂，但在这个人口高密度集中的国家，平均犯罪率低于1%。

政治制度

根据新加坡宪法，新加坡的政治制度为一院议会制，类似于英国的内阁制。内阁总理由国会多数党产生，具实权；新加坡总统由人民直选，是国家名义上的元首，必须是无党派人士。但是由于自1959年取得自治以来，一直由人民行动党执政，并且在议会拥有多数，主宰了新加坡的主要政治舞台，因此又被认为是形同一党制国家。整体而言，新加坡的政治体制兼备权威与民主的特征。

国歌

新加坡虽然主要官方语言是英语，国家属于多元族群的组成，有英语、马来语、汉语和泰米尔语等语言并用。但新加坡的国歌是马来语《前进吧，新加坡》（Majulah Singapura），同时这个歌名也是国家格言。

看地图认识新加坡

从北到南五大分区，快速掌握当地特色！

新加坡分区图

新加坡的土地面积大约只有 700 多平方公里。依其地理环境及人文发展状况分为五大区域，包括中部区域、东北区域、北部区域、东部区域及西部区域。繁华热闹的市中心位于中部区域，其他区域多为住宅区、工业区或保护区等；且新加坡地形平缓，武吉知马丘陵即为新加坡地理最高点，海拔仅 163.63 米。丘陵地大多分布西部和中部区域，东部及沿海地区都是平原。森林主要分布于中部、西部地区及离岛地区等，不过原始森林大多已被砍伐殆尽。目前新加坡森林为人工种植所形成。

1 中部区域 Central Region

新加坡岛南方的新加坡河流域为中部区域。这里也是新加坡最早发展的地区。在英国殖民时期，英国人Stamford Raffles 于西元 1819 年在新加坡河口登陆后，积极建设新加坡岛，使新加坡从一个渔村发展成英国与中国贸易的重要转口港。新加坡从中部的牛车水、驳船码头地区开始发展，发源地也逐渐蜕变为重要的金融中心。此外，中部又是主要的观光地区，包括市中心、克拉码头、滨海湾、乌节路、纽顿、小印度、武吉士及最具人气的圣淘沙等，都是新加坡旅游的必玩儿之地。

2 东北区域 North-East Region

东北区域，包含宏茂桥、后港、榜鹅、实里达、实龙岗、盛港等地。政府在此区兴建大量的国民住宅，也就是所谓的组屋，因此东北区可谓新加坡的新兴住宅区，使东北区成为新加坡人口最多的一个区，人口密度也最高。而东北区许多组屋下的熟食中心，更隐藏着只有当地人才知晓的美食。此外，政府最新规划的滨水住宅区就位于榜鹅。榜鹅紧邻全长 4.2 公里的人工水道“榜鹅水道”，在水道两旁设有步行道和自行车道。水道里有漂浮湿地和淡水红树林等自然生态景观，绿意盎然的榜鹅水道已成为当地人周末休闲的好地方。

图片提供 / kenner116

3 北部区域 North Region

北部区域，包括义顺、兀兰、林厝港、三巴旺、中央集水区等地，紧邻马来西亚新山市，在兀兰以一座跨海大桥相连，是通往马来西亚的主要道路；此外，北部区域里的中央集水区是新加坡最大的自然保护区。中央集水区里的林木多为人工种植，主要功能为收集雨水，因位于新加坡地理位置的中心，又称为新加坡的“绿肺”。该区最著名的观光景点就是新加坡动物园及夜间动物园（Night Sefari）。夜间动物园，是全世界第一座在夜间营运的动物园。这里用溪流、岩石、树干取代围篱作为天然屏障，让游客更有深入丛林的真实感，是适合亲子共游的好地方。

4 东部区域 East Region

东部区域，包括勿洛、樟宜、巴耶利巴、淡滨尼、白沙、樟宜湾等地。其中樟宜国际机场、樟宜监狱、巴耶利巴空军基地及新加坡展览中心等都位于东部区域。而樟宜当时为了兴建国际机场，进行庞大的填海工程，以泥土、砂石填满了近 2 平方公里的沼泽地，因此机场有一半的土地都是填海而成。该区有名的东海岸公园（East Coast Park）是游客必玩儿的景点。公园海边的沙滩长达 7.5 公里，风景优美的海岸线旁是全长 12 公里的自行车道及全长 15 公里的步道。来这里一定要去试试东海岸海鲜中心的美食，游客可在此品尝物美价廉的东南亚海鲜大餐，咖哩蟹、辣椒蟹等都是不可错过的美味。

5 西部区域 West Region

西部区域，包括文礼、蔡厝港、金文泰、裕廊东、裕廊西、先驱、登加、大士等。西部区域可说是新加坡的工业重镇，裕廊工业园区，是亚洲最早成立的工业区之一，为新加坡现代工业奠定了良好的基础；裕廊港（Jurong Port）是目前亚洲最大的散装货运港；而位于新加坡西南部外海的人工岛“裕廊岛”（Jurong Island）则是新加坡的炼油中心；西部区域除工业发达外，游客不可错过的景点就是裕廊飞禽公园。园内聚集了 600 多种鸟类。在这里可以看得到稀有甚至濒临绝种的珍禽。

图片提供 / Michael Gwyther-Jones

美食新加坡

在地料理异国风味一网打尽

华人料理

有以中式料理为主的菜肴，还有在新加坡华人多民族融合之下，所发展出来的特色华人料理及娘惹料理。众多多样化美食，让人看得目不暇接，吃也吃不完。新加坡由于多元文化的种族背景，中式料理也受到东南亚和马来文化的影响，使用多种辛香料和椰浆，让华人料理也有了浓浓的南洋风味，呈现出兼容并蓄的风味特色。

1.海南鸡饭

海南鸡饭，据说起源于中国海南岛，后来传到马来西亚，最后在新加坡发扬光大，可以说是来到新加坡必吃的食物之一。肉质软嫩的白斩鸡搭配浸有鸡油和浸鸡水煮成的香米饭是海南鸡饭好吃的关键。如果爱吃辣的人，一定要将鸡肉沾辣椒酱食用，保证香辣好滋味！新加坡美味的海南鸡饭有很多，各家美味的秘诀皆不同，但共同的好滋味就在于滑嫩的鸡肉及香浓鸡汁的米饭，让人久久不能忘怀。

2.炒粿条

炒粿条(Char Kway Teow)，是潮州人的一种特色小吃，干炒的做法类似台湾客家人的炒板条。炒粿条可以说是马来西亚和新加坡等东南亚国家的华人美食，在马新两地的熟食中心都可找到地道且美味的炒粿条。

3.鱼片米粉

鲜美浓郁的汤头，嫩中带Q的鱼肉，配上粗米粉，加上一点青菜，喜欢浓郁奶味的人，有些鱼片米粉汤可以加奶，鱼肉也可以选择炸鱼肉或是川烫鱼肉，各有风味。

4.肉骨茶

肉骨茶（福建话称为bah kut Teh），是东南亚著名的小吃之一，分为福建派与潮州派：潮州派，汤头用较多的胡椒及大蒜，胡椒味较重；而福建派，喜用酱油及中药材调味，汤头较黑且浓。两种汤头各有爱好者拥护，基本上，新加坡以潮州派为主，马来西亚则盛行福建派，想尝鲜的朋友，不妨两种都尝试。

5.水粿

水粿(Chwee kueh)，源自广东潮汕的小吃。水粿是用白米磨成浆，放进特定的小圆型模子蒸成形，做法类似碗粿。主要馅料有菜脯、葱、虾米、辣椒，吃时再加上一些辣菜脯淋在上方。水粿通常都是作为早餐或下午茶食用的。

6.鱼生

鱼生，可说是粤菜版的生鱼片料理。新鲜鱼片加上蔬菜丝，淋上酱料和香油。值得一提的是新加坡的捞鱼生文化。捞鱼生是马来西亚及新加坡过农历新年时的一项习俗。七彩的鱼生象征好兆头，而“七彩鱼生”这个名称，又有“风生水起”及“越捞越旺”的意头。

7.辣椒螃蟹、黑胡椒螃蟹

来到新加坡，绝不容错过辣椒螃蟹和黑胡椒螃蟹。著名的新加坡美食辣椒螃蟹，肥美的螃蟹搭配浓稠的酱汁，甜甜辣辣，再加上蛋花，每一口都是美味。可以就着馒头沾酱汁吃，又是另一番美味。除辣椒螃蟹外，也可以选择黑胡椒螃蟹，多了份黑胡椒的香辣滋味。

8.炒萝卜糕（黑、白）

图片提供/新加坡旅游局

中国人印象中的萝卜糕是用整块煎的，而在新加坡，炒萝卜糕可不一样，是用锅铲一边炒萝卜糕，一边将它切成大小不一的块状的，起锅前还打上蛋花，加菜脯、淋葱花。这样的炒萝卜糕并不会影响口感，而有另外一种风味。这道广受欢迎的华人小吃以往是当早餐吃，而现在任何时候都可以吃到。新加坡炒萝卜糕有两种，白的是咸味，黑的是带有甜味的黑酱。

9.蚝煎

图片提供/avlxyz

蚝煎，可以称作是东南亚版的蚵仔煎。与蚵仔煎不同的是，新加坡的蚝煎比较类似于西方欧姆蛋的做法，因此英文又称为Oyster omelette。新鲜蚵仔加上蛋和葱煎的香脆滑嫩，沾上酱汁和辣椒更添美味。

10.福建虾面

福建面，是一种以虾壳熬煮的汤头为汤底，配上黄色面条与米粉、虾、菜的面食。此料理盛行于星马一带。浓郁的汤汁搭配虾和面条，每一口都是香浓好滋味。

11.叻沙

叻沙（Lasak），源自于马来西亚，属于娘惹文化的知名美食。汤底用多种材料，包括虾米、虾膏、蒜茸、葱、辣椒、香茅、南姜及椰汁熬煮成浓厚娘惹风味的汤头。叻沙大致可分为两种做法：咖哩叻沙及亚参叻沙，亚参叻沙的不同之处，在于汤头用鱼熬成，多了几分海鲜味。

印度料理

新加坡的印度移民，主要来自印度的北部与南部。印度菜也有南北的差异。北部，以烤饼面食为主，通常以酸奶烹制口味较温和；而南部以米饭为主食，习惯使用椰子汁来调合辣菜。相同的是皆会使用大量香料，让人胃口大开。在新加坡，可以造访一趟小印度区，在那里可以找到地道且美味的印度佳肴。

1.印度煎饼

印度煎饼（Roti prata）是由巴基斯坦和印度的传统煎饼改进而来的，“Roti”意为面包，“prata”则是扁平的意思。印度煎饼通常搭配咖哩食用，但在新加坡可以发现各种创新的吃法，如，加香蕉、巧克力、起士等。印度煎饼为一美味的平民小吃，一个最普通的两片煎饼搭配咖哩酱汁，大约2块新币，经济实惠，受到大众的喜爱。

2.咖哩鱼头

印度人在传统饮食上并不吃鱼头，相传1950年，新加坡某位印度厨师将丢弃的鱼头拿来烹煮，因而发明了这道菜，不仅深受华人青睐，连马来人和印度人也渐渐开始品尝。这道本土自创佳肴通常以石斑鱼或红鲷鱼的头为主，加入咖哩酱汁焖炖，肉质鲜嫩，汤头辛辣够劲。

马来料理

马来菜运用大量的芳香香料和辣椒。新加坡的马来美食融合马来西亚和印尼各岛屿特色。其中香茅、咖哩叶、虾酱、斑兰叶、椰浆和辣椒等运用广泛。马来菜的另一特色是，在大量使用椰浆来调和辛辣菜色的同时，在甜点中也会融入大量椰浆、椰奶和椰丝。

1.沙嗲

沙嗲(Satay)，属于东南亚特有的烤肉串，肉会先用酱汁腌过再烧烤。沙嗲的肉多为切片或切块的鸡肉、羊肉、牛肉或猪肉。较常看到的沙嗲是以竹签串肉，但比较正统的做法是以椰子树叶的梗串肉。沙嗲的酱汁和旁边配料的饭也是一大重点，有时沙嗲好吃的关键不只在腌制的酱汁，搭配的佐料也是很重要。

2.马来椰浆饭

椰浆饭的马来文拼音是Nasi Lemak，Nasi是饭，Lemak是椰浆。会称之为椰浆饭的原因，是因为烹调饭的做法是把饭浸泡在浓椰浆里，然后再把饭与椰浆的混合物拿去蒸。椰浆饭也可以搭配很多种配菜，看个人喜好选择。许多人在早上也会把椰浆饭当早餐来吃，可以获得一天满满的活力。

3.罗惹

罗惹是一种蔬果沙拉，常见于马来西亚、新加坡和印尼罗惹。马来文Rojak本来的意思是“混合物”，较为常见的是娘惹风味的罗惹，将切好的炒花生和豆芽、绿叶蔬菜、油条、凤梨及黄瓜混合拌匀，并放入辣虾酱，吃起来香甜酸辣，十分开胃。

4.马来甜点

马来甜点有很多种，有些颜色缤纷，种类之多让人目不暇接，不知道从何选择。传统马来甜点有甜、有咸，做法炸、烤、蒸都有。主要特色是大部分的马来甜点都会加入椰浆做调料，也有放斑兰叶增添香气的。

人气餐厅与熟食中心推荐

推荐 1 无招牌海鲜

无招牌海鲜（No signboard seafood），于1970年在小贩中心起家，当时并无招牌，随着其美味的口碑流传，“无招牌”成为店名沿用至今，为新加坡知名的海鲜餐厅之一，招牌菜有辣椒螃蟹、黑胡椒螃蟹和麦片虾等多项佳肴。目前无招牌海鲜在新加坡有多家分店，官方网址为http://www.nosignboardseafood.com/。

DATA
怡丰城店 址 1 Harbour Front Walk, #03-02, VivoCity 电 (65)6376-9959 时 11:00~23:00 交 搭地铁在港湾站（HarbourFront）下车，走E出口进入怡丰城3楼
滨海中心店 址 Mall 8 Raffles Ave #01-14/16,Singapore 039802 电 (65)6336-9959 时 11:00~23:00 交 搭地铁在滨海中心站（Esplanade）下车往滨海艺术中心方向

推荐 2 天天海南鸡饭

在牛车水的麦士威小贩中心闯出名号的“天天”，累积多年的好口碑并吸引不少国内外媒体争相采访，如今在加东地区也开了分店。这里的鸡饭之所以好吃，是将老姜爆香、随着鸡只放进汤里煮熟，取出后立刻用冰水稍浸，使鸡肉口感滑嫩，再搭配油亮的香米饭，堪称人间美味。品尝时记得要沾着特制辣椒酱、黑酱油与姜蓉一起入口，才能吃出其中的奥妙。

DATA 址 1 Kadayanallur St Singapore 069184 时 08:00~20:00 交 搭地铁至丹戎巴葛站（Tanjong Pagar）走B出口步行5分钟

推荐 3 珍宝海鲜楼

1987年，珍宝海鲜餐厅集团在新加坡开设了第一家店面，结合本地与香港风味推出精致丰富的海鲜料理，不但连续荣获新加坡多项美食大奖，开设的店面也扩增到6家，堪称海鲜餐厅的龙头老大。位于河滨坊的“珍宝”坐拥河畔风光。店内招牌料理首推辣椒螃蟹，来自斯里兰卡的新鲜螃蟹以辣椒酱汁拌炒，甘甜中带点辣劲。建议点个馒头或银丝卷沾着酱汁吃，滋味一级棒。

DATA 址 30 Merchant Road # 01-01/02 Riverside Point 电 (65)6532-3435 网 www.jumboseafood.com.sg（可查询其他分店） 时 午餐 12:00~15:00，晚餐 18:00~24:00 交 从克拉码头地铁站走C或E出口，左转沿河畔散步道直走可抵达

推荐 4 中峇鲁烘培坊

说到好喝的咖啡和好吃的可颂，就不能错过在新加坡当地很红的中峇鲁烘培坊（Tiong Bahru Bakery）。这里的可颂层层相叠，一咬下去满口的香浓，除了原味之外，还有多种口味可以选择。可选择在店内点杯咖啡搭配好吃的可颂，或是外带回家当早餐，都能够满足您的味蕾。

DATA 址 #01-70, 56 Eng Hoon Street 电 (65)6220-3430 时 08:00~20:00 网 http://www.tiongbahrubakery.com/ 交 地铁中峇鲁（Tiong Bahru）站往Eng Hoon Street步行约20分钟

推荐5 黄亚细肉骨茶餐室

肉骨茶，曾是当地苦力储存体能的营养早餐，现在却成为新加坡知名的风味小吃。许多国外知名元首都曾到此品尝肉骨茶的美味。1960年，黄亚细跟随父亲摆摊卖肉骨茶，没想到竟卖出了名气，1973年他只身开设店面，几经辗转搬迁，终于在现址落脚。

黄亚细的肉骨茶是以猪骨加中药、香料及蒜头等材料一起熬煮，汤头风味绝佳，全靠父亲遗留的祖传秘方。除肉骨茶外，还兼卖猪肝、腰子和烫青菜，如果担心太过油腻，可以搭配一壶潮州功夫茶。

DATA 址 208 Rangoon Road 电（65）6294-7545 时 06:00~14:00、19:00~22:00，周一公休 交 从花拉公园地铁站走B出口，右转龙岗路（Rangoon Rd.）直行约15分钟可抵达

推荐6 Zam Zam Restaurant

属于百年老店的Zam Zam，提供中低价位的印度回教小吃，尤其印度馅料煎饼（Murtabak）与印度煎饼（Roti Prata）的制作，完全是在开放式的厨房进行，路人只要经过门口就能见识到师傅的甩饼皮功夫。将擀好的面皮腾空抛甩，甩到吹弹欲破的薄度，再撒进羊肉、牛肉或鸡肉（猪肉除外）等碎馅，加上鸡蛋和洋葱，包成方形饼再经煎烤后，香味四溢。Murtabak价格约新币5~10元，依份量及包馅内容而不同。

DATA 址 697/699 North Bridge Road 电（65）6298-6320 时 08:00~24:00 交 从武吉士地铁站走B出口，沿维多利亚街（Victoria St.）步行，右转亚拉街（Arab St.）、再左转桥北路（North Bridge Rd.）可抵达

推荐7 辣椒香娘惹餐厅

餐厅老板Jack Lee虽然不是土生华人，对娘惹料理却情有独锺，特别请来拥有60多年经验的主厨，卖起娘惹家常菜。娘惹菜融合了中国与马来的美食特色，大量使用香料，举凡香茅、椰浆、咖哩、黄姜、柠檬叶及各种辣椒，通过主厨的巧手创造出花篮饼（Kueh Pai Ti）、包心菜卷（Cabbage Roll）、亚参咖哩鱼头（Curry Assam Fish Head）等佳肴，色香味俱全。此外，老板在西海岸开了分店，推出平价娘惹菜Buffet与下午茶，在乌节路的董厦（Tangs）则设有外带专柜。

DATA 址 11 Joo Chiat Place #01-03 电（65）6275-1002 时 午餐11:30~14:30，晚餐17:30~22:00 网 www.chillipadi.com.sg 交 从巴耶利巴地铁站走A出口，直行丹戎加东路（Tanjong Katong Rd.），左转芽笼路（Geylang Rd.），右转如切路（Joo Chiat Rd.）直走，左转Joo Chiat Place可抵达

推荐8 亚坤咖椰烤土司

15岁那年，阿坤从海南岛来到新加坡，进入一家海南咖啡店担任助手，不久后即自行创业，在妻子的建议下将特制的巧克力土司碳烤后，抹上咖椰（Kaya）和牛油等果酱，创造出独特的风味小点。咖椰酱是采用鸡蛋和椰奶手工调制而成，让松脆的土司咬起来透着香甜。搭配茶或咖啡，再来一碗半生熟鸡蛋，就是道地的新加坡式早餐。

各大购物中心里都找得到亚坤的分店，唯独位于远东广场旁的总店，至今依然使用木头板凳与大理石桌，保持着本地的传统风貌。

DATA 址 18 China Street #01-01 电（65）6438-3638 时 周一至周五07:30~19:00，周六、周日08:30~17:30 网 www.yakun.com 交 从莱佛士坊站走G出口，沿朱利亚街（Chulia St.）左转菲律宾街（Philip St.），横越教堂街（Church St.），走直落亚逸街（Telok Ayer St.），右转北京街（Pekin St.），再左转中国街（China St.）可抵达

推荐9 老曾记

老曾记（Old Chang Kee），创立于1956年，以路边摊起家，现在发展为全球连锁餐饮集团，分店众多。只要想到咖喱puff就会想到老曾记，酥脆的外皮包上香浓的咖喱，还有许多点心可供选择，如，是炸鸡翅、花枝丸和炸鸡块等，此外早上也有贩售粥、椰浆饭、米粉和面等美味早餐，让人一早就活力满满。

DATA 址 新加坡各大购物中心和捷运地下街皆有分店 网 http://www.oldchangkee.com/

推荐10 FORTY HANDS

该店在新加坡是一家颇具人气的咖啡厅。这里的咖啡豆十分讲究，咖啡香浓好喝。除咖啡外，特色餐点也不少。其中松露薯条（Truffle Fries）为人气必点！热腾腾的薯条洒上黑松露粉，除可以闻到松露强烈的香气外，吃进嘴里也是满溢香气。位于宁静的区域，装潢舒适慵懒，非常适合远离尘嚣，度过悠闲的下午时光。

DATA 址 #01-12, 78 Yong Siak Street 时 周二至周四 08:00~19:00、周五至周六 08:00~22:00、周日 08:00~19:00 电 (65)6225-8545 网 http://www.40handscoffee.com/ 交 地铁中峇鲁（Tiong Bahru）站往 Yong Siak Street 步行约15分钟

推荐11 Melbon seafood

Melbon seafood的螃蟹米粉在新加坡可是很出名。知名的螃蟹米粉除选用蟹肉饱满的螃蟹，搭配粗米粉还有带点奶味香浓十足的汤汁，让人一口接一口。除螃蟹米粉外，还有很多热炒菜色可供选择。

DATA 址 Block 211 Lor 8 Toa Payoh #01-11 电 Tel: 6353 3120 交 地铁布莱德站（Braddell）站往Lor 6 Toa Payoh方向

推荐12 Food for thought

位于新加坡植物园（Botanic garden）内，被大自然环抱的环境下，可以好好享用一份丰盛的西式早餐。英式早餐、松饼、司康和咖啡，都让人格外觉得悠闲，是一个享受早午餐的好去处。

DATA 址 B1-00, Singapore Botanic Gardens, Tanglin Gate, 1 Cluny Road 时 08:00-21:00 网 http://www.foodforthought.com.sg/ 交 搭地铁至植物园（Botanic Gardens）站

推荐13 再成发五金

这家咖啡厅以前是五金行，后来经过装修之后转变成咖啡厅。这里的咖啡十分有水准，并提供多样化的餐点以供选择。在这样特别的咖啡厅享受咖啡和美食，乃是午后的一大享受。

DATA 址 150 Tyrwhitt Road 电 (65)6396-0609 时 周二至周五 09:00~19:00、周六至周日 09:00~22:00 网 http://www.cshhcoffee.com/ 交 地铁劳明达（Lavender）站往 Tyrwhitt Road 步行约15分钟

推荐14 知名熟食中心

熟食中心	地点位置	交通路线
老巴刹	18 Raffles Quay	从莱佛士坊站走F出口，沿罗伯申路（Robinson Rd.）直走可抵达
麦士威小贩中心	牛车水 Maxwell Road	从丹戎巴葛地铁站走B出口，沿前方的麦士威路（Maxwell Rd.）往北走可抵达
中峇鲁市场	位于Seng Poh oad与Lim Liak treet交叉口	从欧南园地铁站走A出口，右转走Outram Rd.，横越Chin Swee Rd.后，往左走Tiong Bahru Rd.，经过Link Hotel，左转Seng Poh Rd.可抵达
Makansutra Gluttons Bay	8 Raffles Avenue, #01-15	从滨海中心地铁站走D出口，循着Esplanade指标走，位于滨海艺术中心旁
纽顿圆环美食中心	邻近纽顿地铁站	从纽顿地铁站走B出口，往Clemenceau Ave.方向步行，通过天桥可抵达
新加坡路边摊	30 Raffles Avenue	从宝门廊站走A出口，沿Temasek Ave.走，左转Raffles Ave.直行可抵达新加坡摩天观景轮，位于观景轮后方

狮城独卖体验

跳开刻板印象的新玩法

许多人都说新加坡很小，逛一圈只要 3 天就玩完了！但事实果真如此吗？所谓“内行看门道，外行看热闹”，只要不随旅行团走马观花，试着放慢脚步，走进当地人的生活，将会发现更多意想不到的惊喜。也许到莱佛士酒店的 Long Bar 喝一杯新加坡司令，漫步滨海湾观赏百万夜景，走进 Kopitiam 品味南洋老咖啡，或坐在老洋房里感受花园餐厅的新旧魅力……何不跳开刻板印象中的新加坡，玩出独一无二的本地体验。

1.到金沙空中花园感受高空震撼

空中花园横跨于滨海湾金沙三栋酒店的顶楼，宛若一艘漂浮在半空的大船。大船前端的公共观景台是独家卖点，隔着透明玻璃墙的颤栗高度望出去，滨海湾畔高高低低的各式建筑清晰入目，带来视觉与心灵的震撼。专为酒店房客所设计的户外游泳池长达150米，没有边界的设计吸引着无数的游人专程前来体验，还可俯视对岸的金融高楼群。更多介绍▶详见 P120

2.到滨海湾花园走天空之桥

从填海造陆的土地上“无中生有”的滨海湾花园，堪称是一座绿色的人工奇景。十多棵擎天大树从园中拔地而起，高达9~16层楼。有趣的是，这些大树皆以钢筋水泥制成，树干上垂直种满绿叶植物，远远望去几可乱真。更妙的是，其中两棵树之间还拉出一座圆弧曲线的天桥，名为OCBC Skyway，由新加坡华侨银行赞助打造。走在长约128米的桥面上，可体验从25米高度眺望整座花园与滨海湾风光。

3.到Long Bar喝一杯新加坡司令

没喝过新加坡司令（Singapore Sling），别说你来过新加坡。这款调酒的正宗发源地就在莱佛士酒店的Long Bar。1910年由华人酒保Ngiam Tong Boon发明，从此成为Long Bar的经典招牌。新加坡司令，由琴酒、莱姆、凤梨汁、樱桃酒等混合调制，粉红色泽搭配杯口装饰的樱桃与凤梨片，充满南洋悠闲气息。窝在Long Bar的藤椅里聆听乐团现场演奏，喝一杯新加坡司令，酸酸甜甜的热带滋味永难忘怀。

4.到莱佛士酒店享用传统英式午茶

这年头儿，喝英式下午茶不稀奇，但是坐在殖民建筑的长廊深处，以百年传奇佐茶，如此绝妙的历史场景只有走进莱佛士酒店，才能穿越时空慢慢品位。知名度和香港半岛酒店不分轩轾的Tiffin Room，除提供传统英式下午茶外，其High Tea Buffet更是深受欢迎，不定期搭配各种甜点主题，还有scone随意吃到饱，在当地的午茶文化中占有一席之地。新加坡的五星级饭店几乎都有提供英式下午茶。茶品与甜点的特色各家不同，特别推荐浮尔顿酒店的The Courtyard、嘉佩乐酒店的The Knolls，以及近几年迅速窜红的TWG Tea Salon & Boutique，专走精致典雅的欧洲风格。

哪里吃

Tiffin Room 电 (65) 6412-1816 网 http://www.raffles.com/singapore 交 搭地铁在政府大厦站（City Hall）下车，走A出口，往右沿Stamford Rd.左转Beach Rd.可抵莱佛士酒店

The Courtyard 电 (65)6877-8129 网 http://www.fullertonhotel.com 交 搭地铁在莱佛士坊站（Raffles Place）下车，走H出口，沿Bonham Street抵新加坡河畔，右转约5分钟可抵达浮尔顿酒店

The Knolls 电 (65) 6591-5046 网 http://www.capellahotels.com/singapore 交 从地铁港湾站搭圣淘沙捷运在Beach站下车，转乘岛上各线循环公车在Artillery Avenue站下车，走上山丘可抵达；搭地铁在索美塞站（Somerest）下车，走B出口，往右沿Orchard Rd.可抵达Orchard Central

TWG Tea Salon & Boutique 网 http://www.twgtea.com (可查询各家分店) 交 搭地铁在乌节站（Orchard）下车，循地下通道指标可进入ION，搭电梯上1、2楼可抵达

5.到Kopitiam喝南洋老咖啡

尽管西式的连锁咖啡屋席卷新加坡，许多居民还是习惯泡在本土的咖啡店里。当地人称之为Kopitiam，所谓Kopi就是马来话的“咖啡”，而Teh则是福建话的“茶”。别看它规模虽小，里头却设有好几摊熟食档，通常没有冷气，装潢非常简单，随时供应小吃、茶与咖啡。从Kopitiam端出来的茶或咖啡，装在圆胖厚实的杯子里，滚烫滚烫的，看起来很有意思。它是采取传统的网袋来冲泡茶叶或咖啡粉，网袋上的陈年渍垢有点吓人，但过滤功能百分百，冲出来的热饮香醇浓郁。点茶或咖啡时，记得使用本地术语，如果想喝无糖无奶的茶，就说Teh O Kosong，喝茶加糖不加奶是Teh O，加糖加奶则为Teh C。

Tip 认识新加坡咖啡点餐术语！

Kopi	加炼乳的咖啡	马来话的“咖啡”
Kopi O	只加糖的咖啡	O是福建话“黑”的意思
Kopi C	加糖和鲜奶的咖啡	C是海南话“鲜”的意思
Kopi O Kosong	糖和鲜奶都不加的黑咖啡	Kosong是马来话“虚空、乌有”的意思
Kopi Peng	冰咖啡	Peng是福建话“冰”的意思
Kopi Gao	咖啡浓一点	Gao是福建话“厚”的意思
Kopi Poh	咖啡淡一点	Poh是福建话“薄”的意思

6.到小印度体验印度彩绘

想打扮成摩登酷炫的印度人吗？到小印度画个手部或脚部彩绘绝对是最时髦的体验。这种称为Mehndi的彩绘以指甲花的绿叶制成染料，在皮肤表层画上各种图案，据说可带来爱情和幸运，演变至今已成了时尚装饰。只需短短3~5分钟就能勾勒完成，花纹在两周内会自动褪色。彩绘完成后，只要在眉心贴个Pottu，穿上金色高跟凉鞋，背起印度民族风背包，即使没有传统服装，照样可以混搭出流行韵味。更多介绍▶详见 P138

7.到熟食中心品尝本地小吃

根据统计，新加坡全岛的熟食中心（Food Centre，又称小贩中心或美食中心）超过130座，熟食档多到数不清，聚集密度之高让欧美观光客视为人文奇观。熟食中心采用开放式座位，没有冷气、非常闷热，若遇上午餐尖峰时段，与陌生人共用一张餐桌实属稀松平常。近年来蔚为风潮的路边摊（Food Trail）无疑是小贩中心的姐妹版，皆以复古风情为装潢主题，多数采用露天座位，空气较为清新。每家熟食档的店面都会贴上A、B、C英文字样。这些字母代表卫生等级的高低，由新加坡政府检验合格后所颁发。挂A的当然最干净，但大排长龙的店面往往都是B或C，游客不妨自行参考选择。

8.到樟宜机场玩狮城最高溜滑梯

啥？专程到机场玩溜滑梯！听起来很疯狂，不过你绝对要来试试。位于樟宜机场第三航厦入境大厅的Slide@T3，采用螺旋式封闭滑道设计，高达四个楼层，号称全球机场中最高的溜滑梯。只要身高超过130厘米就可购票，体验从高处快速旋转滑下的刺激感。对于身高受限的小小孩，地下2层另外设有小型螺旋溜滑梯，提供免费玩乐。

哪里玩

Slide@T3 **时** 周一至周日12:00~22:30 **费** 溜一次新币10元，可在入境大厅一楼Information Counter买票；如在机场单一消费满新币10元，可持发票收据免费体验一次 **交** 搭地铁在樟宜机场站（Changi Airport）下车，可直达第三航厦

9.到武吉知马探访都会型热带雨林

全球罕见的都会型热带雨林出现在新加坡的武吉知马自然保护区，只要20分钟车程，就能从市区的摩天高楼迅速进入原始森林。由于新加坡位于赤道地带，生态资源丰富，1883年在英国殖民政府筹措下成立这座自然保护区，坐拥当地最高的山丘仅海拔163.63米。区内设有完善的步行路线，游客可以走进雨林深呼吸，沿途观赏各种热带植物花卉，幸运的话，还能亲眼看见长尾弥猴、飞狐、树蛇、雨林大蚂蚁等动物、昆虫。

10.到购物中心挑战室内最高攀岩墙

把攀岩墙架设在时髦的Orchard Central购物中心里，这种另类的玩法大概只有新加坡人才想得出来。以Via Ferrata模式打造的这面墙高达五层楼，无论是玩家高手或初体验者，都欢迎来挑战自己的极限。Via Ferrata攀岩活动源自第一次世界大战期间。义大利军队为了快速抄山路前进，自行利用缆索、脚踏垫、铁扶手横梯等工具架设出登山径道，后来演变成户外攀岩运动。这里推出两种攀岩课程，您可以根据个人的身体状况来选择，初学者建议先从Rock Climbling开始，进阶者请挑战Via Rerrata。

哪里玩

Orchard Central Via Ferrata Wall **址** 181 Orchard Road, #04-22 Orchard Central **电** (65) 6509-1300（可到Orchard Central Concierge Counter预约） **网** http://www.orchardcentral.com.sg **交** 搭地铁在索美塞站（Somerest）下车，走B出口，往右沿Orchard Rd.可抵达Orchard Central

11.到热带花园黑白屋用餐

这种白墙黑屋顶的独栋洋房，是英国殖民政府在1920年代为高级官员所建造的住宅，外观风格仿自英国都铎式建筑，为了顺应新加坡的热带气候，全部采用黑白两色，当地人昵称为“黑白屋”。

许多黑白屋改装成餐厅，虽然地点较为偏远，但老洋房结合热带花园的新旧魅力，在白天充满清新绿意，夜晚则烛光摇曳，越发浪漫。喜欢这种用餐氛围的人，不妨前往Rochester Park或植物园里的Au Jardin，吹着晚风，邀请热带植物一起举杯畅饮。

哪里吃

Rochester Park 交 从波那维斯达地铁站走C出口，沿着Rochester Dr.直走，可抵达Rochester Park入口

Au Jardin 址 EJH Corner House, Singapore Botanic Garden Visitors Centre, Cluny Road 电 (65)6466-8812 网 http://www.aujardin.com.sg 交 在植物园中循着E.J.H. Corner House或Au Jardin指标可抵达餐厅

12.到环球影城抢攻独家游乐设施

全球第四座环球影城就位于圣淘沙岛，所有娱乐景观皆以热门电影为背景，包括史瑞克、变形金刚、马达加斯加、侏儸纪公园等，全都创意设计成各种游乐设施。其中有将近20项更是专为新加坡量身打造，举凡太空堡垒双轨过山车、侏儸纪河流探险与木箱漂流记等，在别国的环球影城里可是玩不到的哦！

在园内也有机会跟好莱坞的明星们合影同乐，比如，在好莱坞大道遇见玛丽莲梦露，到马达加斯加看爱力狮等电影主角起舞狂欢，更别忘了与史瑞克、费欧娜合影留念。此外还有功夫熊猫、芝麻街与默剧大师卓别林，星光闪闪。更多介绍▸详见 P145

13.到观音堂求签看中英文签诗对照

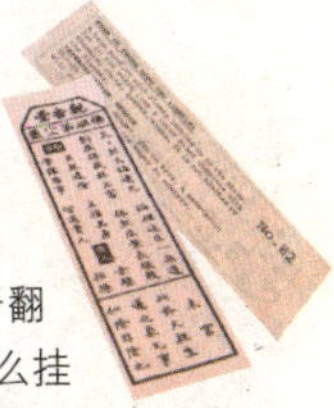

这座观音堂的大门口无时无刻都挤满了上香人潮，走近一瞧，才发现整个庙里就这么一个香炉，依据庙方规定，凡举香膜拜只能站在外堂，正殿内堂严禁香火。而供桌上几乎看不到牲礼，瓶子里的鲜花却插得满溢，内堂中央的地毯上跪满善男信女，或祈福或许愿求签，呈现人间百态。

最妙的是，观音堂的签诗竟然是以中英文对照书写，柜台旁放着一本本解签书册，任民众自行翻阅，想要深入了解签诗涵义，还可付费找庙外摆摊的专人解签，大大的遮阳伞下放两把椅子，就这么挂牌营业起来，是当地罕见的景象。

哪里玩

观音堂佛祖庙 址 178 Waterloo Street 时 平日06:00~18:10，农历初一、十五05:00~18:45 交 搭地铁在武吉士站（Bugis）下车，走A出口沿维多利亚街（Victoria St.）步行，穿过武吉士街走到底，左转滑铁卢街（Waterloo St.）可抵达

14.到滨海湾看百万夜景

图片提供／Marina Bay Sands

打从滨海湾金沙开幕后，新加坡的城市天际线自此彻底改变。在市区重建局的长远规划下，围绕着滨海湾排列的每栋建筑从高度到外型都经过精心考量与设计，同时还兴建有一条滨海步行环道与双螺旋桥将之串连，无论从哪个角度观赏皆可捕捉不同的构图。尤其站上200米高的金沙空中花园近距离俯瞰滨海湾，更是令人悸动的新体验。

提起上海，一般人都会联想到“上海外滩”这个知名地标，看在新加坡总理李显龙眼中，今后的滨海湾将成为新加坡的象征标志。滨海湾是40年前决定填海造陆的成果，历经长年等待和钜资打造，这片百万夜景已跃升为全球必访的旅游焦点。更多介绍▸详见 P114

必买特产名物

收藏狮城的在地名物

众多种族的交会融合让新加坡的特产形态琳瑯满目。其中又以新加坡司令、榴槤泡芙、镀金胡姬花和鱼尾狮造型商品为本地原创特产，最具独家价值。游赏景点、享受美食之余，别忘了带个纪念品回国，送礼、自用两相宜，让这趟狮城之旅留下最美好的回忆。

1.新加坡司令 Singapore Sling

在调酒名单上赫赫有名的Singapore Sling，起源于新加坡的莱佛士酒店，为了让游客在回国之后还能继续品饮，酒店精心推出新加坡司令礼盒（Singapore Sling Premix）。一盒里装有6小瓶，每瓶50ml，典雅精巧、方便携带。同时店里也贩售新加坡司令的专属酒杯及调制专用的Shaker，适合带回家营造气氛。

哪里买

Raffles Hotel Shops 址 328 North Bridge Road #01-01/02/03 交 **搭地铁在政府大厦站（City Hall）下车，走A出口，往左沿着Stamford Rd.右转North Bridge Rd.可抵达**

2.印度沙丽 Indian Saree

印度妇女在穿沙丽之前，会先套一件短袖贴身上衣，再将长长的沙丽从腰际围成长裙，最后则往肩膀环绕，所需的基本布面从6~9码不等，尺寸换算后，相当于长5.5米、宽约1米。购买时如果没有特别的尺寸要求，店家通常以基本尺码和布料种类来计价，普通材质从新币20~60元都有，最贵的高级丝绸约新币450元以上，价格相当悬殊。沙丽店多数集中在小印度的实龙岗路（Serangoon Road）。1962年开设的“Haniffa”拥有两家店面，分别位于Madras Street与实龙岗路，不妨前往挑选。

哪里买

Haniffa 址 60 Serangoon Road 电 (65)6392-7855 交 **搭地铁在小印度站（Little India）下车，走C出口，沿Bukit Timah Rd.左转Serangoon Rd.直走可抵达**

3.印度家饰杂货

在小印度可以买到各种家居饰品与生活杂货，举凡窗帘、桌巾、灯罩或背包等，图案和色彩皆展现浓烈的南亚风情，教人爱不释手。尤其鲜艳的手环与珠宝盒不但平价，款式更多到眼花撩乱，最受年轻女孩青睐；而印度女人贴在两眉之间的Pottu，现在也变成时髦的装饰品，除了贴在眉心，也有人拿来当作耳环，营造自我风格。

哪里买

小印度拱廊 址 48 Serangoon Road 交 **搭地铁在小印度站（Little India）下车，走C出口，沿Bukit Timah Rd.左转Serangoon Rd.可抵达**

甘贝尔巷 址 **位于竹脚中心斜对面、小印度拱廊旁**

4.鱼尾狮造型纪念品

鱼尾狮，是新加坡的国家级图腾。举凡相关的景点和纪念品都是游客关注的焦点，倘若没带个鱼尾狮造型的礼物回国，就好像没到过新加坡。于是巧克力和打火机被做成了鱼尾狮形状，连叉子、筷子、T恤、珠宝盒、钥匙圈也沾上了边，教人眼花撩乱。在各大景区和樟宜机场的三座航厦都可找到类似的商品，离境前可顺道挑选。

哪里买

Fullerton Waterboat House Souvenirs Shop 址 3 Fullerton Road（浮尔顿水船楼1楼） 交 搭地铁在莱佛士坊站（Raffles Place）下车，走B出口，往右走Battery Rd.，右转Fullerton SQ.，左转走Fullerton Rd.，过十字路口左转可抵达

5.娘惹糕

娘惹糕的制作材料取自番薯、椰子、木薯、椰糖、鸡蛋、香兰叶及各种水果，烘焙后色泽鲜艳、诱人垂涎。卖相最佳的娘惹糕就属Lapis Sagu、Lapis Cake与Bingka Ubi。Lapis Sagu由红、绿、白三种颜色组成，赏心悦目；Lapis Cake就是大家熟知的千层糕，咬起来绵密顺口不甜腻；鲜黄色的Bingka Ubi以木薯制成，浓稠香甜。这些糕点的赏味期限只有短短的三四天，许多专卖店在樟宜机场均设有专柜，直接打包带上飞机，回国后依然新鲜美味。

哪里买

Bengawan Solo Cake Shop 址 先得坊、狮城大厦、义安城、ION、樟宜机场三座航厦均有设柜 电 (65)6756-9088 网 http://www.bengawansolo.com.sg 交 搭地铁在索美塞站（Somerest）或乌节站（Orchard）下车，可前往上述购物中心的专柜

金珠餐厅 址 樟宜机场第三航厦 网 http://www.kimchoo.com.sg

6.娘惹黄梨酥
Nyonya Pineapple Tart

凤梨在新、马一带被称为黄梨。黄梨酥与台湾的凤梨酥颇有相似之处，但同样都是以凤梨馅料制成的糕饼，但在外观与做法上却完全不同。首先，将凤梨果酱揉成颗颗小圆球，再将面粉、蛋、糖、黄油、奶油等材料按步骤调制烘焙，以模具压出一个个宛如花朵的糕饼塔，最后把果酱圆球放到糕饼塔上即大功告成。而娘惹口味的黄梨酥则添加了肉桂等香料，充满南洋热带风情。

哪里买

Bengawan Solo Cake Shop 址 先得坊、狮城大厦、义安城、I O N、樟宜机场三座航厦均有设柜 电 (65)6756-9088 网 http://www.bengawansolo.com.sg 交 搭地铁在索美塞站（Somerest）或乌节站（Orchard）下车，可前往上述购物中心的专柜

金珠餐厅 址 樟宜机场第三航厦 网 http://www.kimchoo.com.sg

7.镀金胡姬花饰品

新加坡最具代表性的纪念特产首推胡姬花（即为兰花）镀金饰品。自1976年起，RISIS以新鲜的胡姬花作为创作材质，为了保存花朵原有的结构，先在表面包覆一层铜，接着涂上一层镍，最后镀上24K金，闪亮亮的花朵就完成了，再通过巧思设计，化为别针、项链、盘饰、耳环与裱框艺术品，原创性独一无二，充满新加坡风味，送礼、收藏两相宜。除新达城、先得坊、怡丰城、义安城等购物中心外，RISIS在植物园、滨海湾金沙、滨海湾花园及樟宜机场第二航厦也设有店面，是最佳购物选择。

哪里买

RISIS Gift Gallery 址 3 Temasek Boulevard #01-084, Suntec City Mall 电 (65)6338-8250 网 http://www.risis.com

8.阿拉伯香水

阿拉伯人曾经到新加坡经商，由于生意兴隆，势力范围涵盖整个甘榜格南（Kampong Glam），直到现在，阿拉伯人虽已远离，但仔细寻宝，依然可发现中东风味浓厚的各式商品。其中，又以阿拉伯香水最令人惊艳。这种标榜不含酒精成份的香水，采用天然花卉植物调制，保有原始的浓郁香味。更特别的是，店内调香师还可针对客人的特质，现场调配出专属香水。记得挑一只香水瓶，无论是典雅的茶壶造型还是金光璀璨的珠宝盒等，都是七彩缤纷，值得收藏。

哪里买

Jamal Kazura Aromatics 址 21 Bussorah Street 电 (65)6293-3320 网 http://www.jamalkazura.com 交 搭地铁在武吉士站（Bugis）下车，走B出口，沿Victoria St.步行，右转Arab St.，横越North Bridge Rd.，左转Baghdad St.可抵达

Kazura 址 705 North Bridge Rd. 电 (65)6293-1757 网 http://www.kazura.org 交 搭地铁在武吉士站（Bugis）下车，走B出口，沿Victoria St.步行，右转Arab St.，左转North Bridge Rd可抵达

9.传统肉乾

烘烤成金黄色的新加坡传统肉干，片片香甜可口，到新加坡不可不尝。其中以“美珍香”知名度最高，除在当地拥40多家店面外，还远赴中国台湾开了分店，辣椒猪肉干、猪肉干及猪肉松最具口碑；而“林志源”的店面虽窄小却经常大排长龙，深得当地人喜爱，肉干口味包括牛肉、猪肉、鸡肉、虾肉等，肉丝则以猪肉为主，软硬口感皆有。“胡振隆”除虾肉、鸡肉、猪肉、牛肉外，还有龙虾肉干和鸵鸟肉干，可依个人喜好采买品尝。不过要注意的是中国海关禁止肉类食品进关，即使是真空包装也不可以，所以美味的肉干还是在新加坡当地品尝为好，可别犯险闯关，以免触法。更多介绍▶详见P157

哪里买

美珍香 址 189 New Bridge Road 电 (65)6223-7059 网 http://www.bch.com.sg

林志源 址 203 New Bridge Road 电 (65)6227-8302 网 http://www.limcheeguan.com.sg 交 搭地铁在牛车水站（Chinatown）下车，从A出口往左走，右转New Bridge Rd.可抵达上述两家店

胡振隆 址 12 Sago Street 电 (65)6324-5825 交 搭地铁在牛车水站（Chinatown）下车，走A出口，沿Pagoda St.右转Trengganu St.走到底，左转Sago St.可抵达

10.娘惹服装与珠绣鞋

土生华人在南洋地区是一群少数的混血种族，拥有自己专属的语言及饮食文化，对于生活品味也十分讲究，因此土生华人女性（娘惹）的传统服饰皆以手工制作。上半身通常是穿着半透明、有刺绣滚边的衣衫，称为卡巴雅（Kebaya），下半身则围一条沙龙，双脚穿着珠绣鞋，贵气十足。Kebaya的价格依布料材质和刺绣精致度从新币80~1000元不等，珠绣鞋约70元起跳，很多年轻女孩买来与牛仔裤混搭，别有一种流行新风貌。

哪里买

Rumah Bebe 址 113 East Coast Road www.rumahbebe.com 时 周二至周日09:30-18:30，每周一公休

金珠餐厅与艺廊 址 109/111 East Coast Road 电 (65)6741-2125 网 http://www.kimchoo.com.sg 时 08:00-20:00 交 搭地铁在巴耶利巴站（Paya Lebar）下车，走A出口，直走Tanjong Katong Rd.，左转Geylang Rd.，右转Joo Chiat Rd.直走，过了Koon Seng Rd.走约15分钟可抵East Coast Rd.，右转可陆续抵达以上两家店

小店屋 址 43 Bussorah Street 电 (65)6295-2328 时 10:00-18:00 交 搭地铁在武吉士站（Bugis）下车，走B出口，沿Victoria St.步行，右转Arab St.，横越North Bridge Rd.，左转Muscat St.，再右转Bussorah St.可抵达

11.榴梿泡芙 Durian Puff

以榴梿为馅料作成的泡芙，咬起来松软香浓，风味独具。这是由Irene Tan研发的甜点，仅在榴梿泡芙开设的“Puteri Mas Cafeteria House”独家贩售，经常一出炉就被抢购一空，让其他糕饼业者也闻风跟进，于是榴梿蛋糕、煎饼、蛋卷、提拉米苏等花样越来越多，爱吃榴梿的人千万别错过。此外，Deli@良木园酒店的榴梿泡芙也拥有20多年的好口碑，位于乌节商圈，方便游客购买。

哪里买

Puteri Mas Cafeteria House 址 475 Joo Chiat Road 时 周二至周五09:30-18:30，周六、周日09:30-17:00，周一公休 交 搭地铁在巴耶利巴站（Paya Lebar）下车，走A出口，直走Tanjong Katong Rd.，左转Geylang Rd.，右转Joo Chiat Rd.直走，横越Koon Seng Rd之后可抵达

Deli @良木园酒店 址 22 Scotts Road（位于良木园酒店内） 电：(65)6730-1786 时 09:00-21:00 交 搭地铁在乌节站（Orchard）下车，走A出口，沿Scotts Rd.步行约10分钟可抵达

12.新加坡风味小吃酱料包

离开新加坡之前，是不是对肉骨茶和海南鸡饭的美味仍念念不忘？只要在樟宜机场的三座航厦里直接购买百胜厨（Prima Taste）或其他厂商出品的配料礼盒，就能带回自家厨房料理了。把肉骨茶包加进排骨汤一起熬煮即可；而海南鸡饭礼盒，则包含鸡饭调配料、鸡饭香料油、鸡饭黑酱油、生姜酱、辣椒酱及芝麻酱油，回家后准备好1.5公斤的鸡肉与500克白米，就能利用这些配料煮出5人份的海南鸡饭。此外还有叻沙、炒粿条、马来捞面等各种美食酱料包，除樟宜机场外，在当地各大购物中心的超市也都能买得到。

哪里买

百胜厨 址 176 Orchard Road #01-63/64（位于先得坊1楼）、各大超级市场、樟宜机场

第三航厦 电 (65)6887-3786 交 搭地铁在索美塞站（Somerest）下车，走B出口，横越Orchard Rd.，往右走可抵达先得坊

松发肉骨茶 址 11 New Bridge Road #01-01 网 http://www.songfa.com.sg 时 07:00-22:00，每周一公休 交 搭地铁在克拉码头站（Clarke Quay）下车，走E出口过红绿灯至对街可抵达

13.虎标万金油&各式药油药膏

风行全球的虎标万金油已拥有百年历史，由缅甸华侨胡文虎和胡文豹二兄弟研发，畅销于中国、印度与东南亚。1926年胡文虎将位于仰光的永安堂总部及制药厂迁至新加坡，让新加坡从此与虎标万金油画上等号，成了观光客必买的狮城特产。除虎标外，新加坡生产的各式药油、药膏也是名气响叮当。许多百年药行更以祖传秘方配制独家产品，举凡驱风镇痛膏、豆蔻膏、白树油、红花油、黑鬼油、千里追风油等，皆各自拥有死忠爱好者。琳瑯满目的药油、药膏在牛车水的各大药铺都能买得到。

哪里买

冯满记 址 16 Sago Street 交 搭地铁在牛车水站（Chinatown）下车，走A出口，沿Pagoda St.右转Trengganu St.走到底，左转Sago St.可抵达

华安药行 址 34 Upper Cross Street 网 http://www.chopwahon.com 交 搭地铁在牛车水站（Chinatown）下车，走E出口，往Upper Cross St.走可抵达

泰山药行 址 264/266 South Bridge Road 网 http://www.thyeshan.com.sg 交 搭地铁在牛车水站（Chinatown）下车，走A出口，沿Pagoda St.走到底，右转South Bridge Rd.可抵达

特色精品饭店

品味新式美学的浪漫夜晚

在欧美风行多时的精品饭店（Boutique Hotel），向来标榜独特性，讲究装潢设计，比精致、重风格，客房数量多半不超过100间。近几年来，这股热潮在新加坡引起了发酵作用，由老建筑改建的设计型旅馆如雨后春笋般冒出，仅管藏身于巷弄间却掩不住酷炫之美感，让人睡过两三晚便上了瘾。如今到新加坡住精品饭店已然掀起风潮，形成另一种旅游新玩法。

传统店屋变身精品饭店

店屋（Shophouse），是新加坡在英国殖民统治下所产生的一种建筑型态，为了统一管理、方便课税，史丹福·莱佛士（Stamford Raffles）设计出门面狭窄但屋内深长的格局，再将当时流行的建筑风格反映到外观上，比如，古希腊雕花梁柱和地中海百叶窗取材于欧洲；蝙蝠窗及凤凰装饰图案则洋溢中国风情；大门前方另行加设的半腰门则是马来民宅常见的Pintupagar。于是，店屋成了名副其实的东西混血建筑，散布在新加坡街头，见证了近200年的殖民岁月。

新加坡独立后，在政府详尽规划下，大批店屋被评定为保护遗产并对外开放认购，施行“古迹活化再生”政策。无论改装为餐厅、饭店或其他商业用途，认购者必须严守规定，在施工装潢时不可任意破坏店屋原有的外貌与内部梁柱结构。从店屋变身旅馆的案例在新加坡为数不少，但水准高低不齐，真正具有设计品味的泰半集中在牛车水（Chinatown），从摩登复古的Scarlet到创意惊人的New Majestic，不约而同地都相中了牛车水丰富的文化底蕴，陆续在此为老建筑注入新生命，当东方遇见西方，就从你走进大门那一刻起。

1.The Scarlet Hotel

2004年底，打从Scarlet在牛车水开幕后，一个摩登复古的时代即宣告来临。由新加坡管理公司Grace International耗资3500万美元，将19世纪的Art Deco建筑连同15家店屋变身为精品饭店，红与黑，温柔与狂野，传统与前卫，所有强烈对比在此相遇。84间客房虽然保留了店屋原有格局，但室内摆设却独一无二、各有主题，比如，粉红浪漫的Passion、阳光灿烂的Opulent、典雅高贵的Lavish等，吸引了无数名模、艺人、摄影师和广告圈人士前来作客。

哪里住

址 33 Erskine Road 电 (65)6511-3333 网 http://www.thescarlethotel.com 交 搭地铁在牛车水站（Chinatown）下车，走A出口，沿宝塔街（Pagoda St.）走到底，横越桥南路（South Bridge Rd.），往右走，左转厄士金路（Erskine Rd.）可抵达

2.The Sultan Hotel

像这种老房子在新加坡随处可见，改装成精品旅店的案例也不少，但The Sultan就是与众不同。首先，它开在一个马来皇族和阿拉伯人曾经叱咤风云的大本营——甘榜格南（Kampong Glam），浓烈的伊斯兰色彩如今仍在；而热爱历史文化的PH Ong因缘际会买下当地政府评定的10间A级保存店屋，前后两排与中庭阳台巧妙相连，让64间客房分设其中。

从街边望去，你很难不被那纯白的店屋立面所吸引，无论柱头、圆拱或屋檐都刻满细致雕纹，成排高耸的古典梁柱构筑成窄长的拱廊，加上法式百叶窗、马赛克图案的地砖，整个场景彷佛还停留在19世纪初期，娓娓诉说着当年的传奇故事，同时，The Sultan的照片还曾在1996年被选为当地建筑遗产的邮票系列图案呢！

在古老的外观下，饭店大厅走的却是简约时尚的风格，充满阿拉伯意象的文字线条与几何图形跃上墙面成为时髦壁饰，进入客房就融入地毯、屏风或座椅，搭配石头和漂流木组装的台灯，不难看出设计者崇尚自然的用心。

令人惊喜的是，这里没有一间客房的装潢是相同的，有的床板做成船型、有的采用日式月台设计，也有开天窗的小阁楼，今晚您想遇见哪一种风情？

哪里住

址 101 Jalan Sultan #01-01 电 (65)6723-7101 网 http:/www.thesultan.com.sg 交 **搭地铁在武吉士站（Bugis）下车，走B出口，沿着维多利亚街（Victoria St.）直走，右转Jalan Sultan可抵达；或在劳明达站（Lavender）下车，走A出口，沿着加冷路（Kallang Rd.），左转Jalan Sultan可抵达**

3.Hotel 1929

当旧世界的古老店屋遇上时髦新颖的室内装潢，就变身为1929的精品饭店了。“1929”的名称取自于建筑本身的兴建年代，通过老板的巧思，32间客房的面貌截然不同，从家俱、床单到桌椅等陈设，独一无二。

放眼望去，各种造型椅摆满了饭店各个角落，数量多到让人以为置身在家俱展览馆。这些都是世界级设计师的作品，也是老板多年来的精心收藏，全属非卖品哦！

哪里住

址 50 Keong Siak Road 电 (65)6347-1929 网 http:/www.hotel1929.com 交 **搭地铁在牛车水站（Chinatown）下车，从A出口往右转，接新桥路（New Bridge Rd.）直走，左转Kreta Ayer Rd.，再右转Keong Saik Rd.可抵达**

4.New Majestic Hotel

2006年3月一开幕，就荣登《Conde Nast Traveller》旅游杂志所评选的“全球饭店Hot List”、其疯狂的创意震撼了全新加坡。老板请来9位新加坡艺术工作者，进入不同房间独立创作。其中的5间套房从时装界、电影圈和室内设计业找来5位才子，担任概念设计，30间客房的主题摆设，保证绝无重复。

哪里住

址 31～37 Bukit Pasoh Road 电 (65)6579-2026 网 http:/www.newmajestichotel.com 交 **搭地铁在欧南园站（Outram Park）下车，从H出口出来后右转，走Bukit Pasoh Rd.可抵达**

码头仓库变身精品饭店

当史丹福·莱佛士（Stamford Raffles）从河口登陆后，新加坡河的两岸逐渐发展为自由贸易中心，船只往来络绎不绝，存放货物的仓库在河畔码头成排林立。如今被当地政府保留下来，改装为餐厅、酒吧或精品饭店，新与旧融合出新加坡独有的观光魅力。

The Gallery Hotel

昔日的破仓库变身为后现代建筑，银光色调的饭店外观开满了方形色框，红的、黄的、蓝的，充满视觉乐趣，开幕后，立即获得当地建筑圈所颁发的“最佳用色建筑”及“最佳建筑设计”等大奖。The Gallery Hotel让住饭店变成一种惊喜，恍惚间以为闯入了美术馆。

哪里住

址 1 Nanson Road@Robertson Quay 电 (65)6849-8686 网 http://www.galleryhotel.com.sg 交 搭地铁在克拉码头站（Clarke Quay）下车，走C出口，往左沿着河畔走，横越Clemenceau Ave后，步行约3分钟，通过阿卡夫桥左转可抵达

老学校变身精品饭店

由学校改装而成的案例并不多。其中以Hotel Re!和Wanderlust最具特色。当地知名的珍珠山小学在2001年曾经改为学生宿舍，直到2008年才由Hotel Re!接手；Wanderlust的建筑前身是一座福建人创办的学校，1981年学校搬迁后，旧校舍一度成为新加坡佛教福利协会的据点，2010年变身为精品饭店。于是，昔日的教室变成了客房，走廊上的孩童笑语不再，取而代之的是来去如风的游人。

1.Hotel Re! @Pearl's Hill

Hotel Re!以复古时尚为创意概念，大胆采用青春系配色，举凡柠檬黄、鲜橙橘、苹果绿与萤光粉红，从大厅一路泼洒上楼，分别进入140间客房，并把焦点锁定在1960~1970年的偶像，比如，詹姆士庞德、披头四、李小龙、约翰屈伏塔等，将其招牌动作化为雅克力剪影，融合在每间客房的墙面，光是窝在房里就能营造偶像梦境，与这些天王巨星彻夜谈心。

哪里住

址 175A Chin Swee Road 电 (65)6827-8288 网 http://www.hotelre.com.sg 交 搭地铁在欧南园站（Outram Park）下车，走A出口，往右沿Outram Rd.，再右转Outram Park，越过公园小坡可抵达

2.Wanderlust Hotel

向来眼光独到的Loh Lik Peng，继Hotel 1929与New Majestic之后，选在小印度开设第三家精品饭店Wanderlust。饭店的前身是1955年由福建移民兴建的宏文学校，高达四层楼的建筑属于近代的Art Deco店屋风格，素雅的建筑外观点缀着花卉瓷砖；29间客房由四组当地知名设计团队分层发挥创意，更有不同主题的阁楼，比如，观星、打字机及森林树屋等，让人童心大发，宛如住在游乐园里。

哪里住

址 2 Dickson Road 电 (65)6396-3322 网 http://www.wanderlusthotel.com 交 搭地铁在小印度站（Little India）下车，走C出口，沿着武吉知马路（Bukit Timah Rd.）直走，横越实龙岗路（Serangoon Rd.），左转Perak Rd.直走，右转Dickson Rd.可抵达

政府组屋变身精品饭店

新加坡独立后，政府为了解决人民拥挤的生活空间，兴建大量国宅（当地称为“政府组屋”），以低价出售给民众，随着时代的变迁，外观造型也呈现出不同的风格。位于中峇鲁（Tiong Bharu）地区的组屋是在独立前由英国人所设计，充满Art Deco建筑风格，2007年底Link Hotel在此开幕，成为新加坡首座由政府组屋改装的饭店。

Link Hotel

中峇鲁，是新加坡最早规划的居民组屋区。1930年，由新加坡改良信托局（Singapore Improvement Trust）开发建设，呈现英国公共住房的建筑风格。而Link Hotel保留了其中两排组屋的外观与梁柱结构，以一座空中桥梁相互连接，内部则重新隔成288间客房，采用马来、中国、印度与现代4种文化为设计主题，企图反映新加坡种族融合的多样面貌。

哪里住

址 50 Tiong Bahru Road 电 (65)6622-8585 网 http://www.linkhotel.com.sg 交 搭地铁在欧南园站（Outram Park）下车，走A出口，右转走Outram Rd，横越Chin Swee Rd，走Tiong Bahru Rd可抵达

装饰艺术建筑变身精品饭店

英国殖民时期所遗留下来的建筑，在新加坡随处可见，聚集在市政区的，多属于新古典风格；牛车水则是店屋的天下；而欧南（Outram）与中峇鲁（Tiong Bharu）一带则除了政府组屋外，最常见的就是Art Deco与Straits Settlement的综合体，设计独树一格，专走现代摩登风情。

Wangz Hotel

宛如雕塑艺品的建筑外观，洋溢着后现代主义的风格，别看它外表如此前卫，骨子里走的却是精致优雅的格调。饭店主人请来6位艺术家以花鸟自然为主题，为Wangz献出油画、壁画及摄影等创作，从大厅、餐厅、客房到顶楼酒吧，随处可见。走进41间客房，仿佛就能闻到鸟语花香的气息，床上柔软的鹅毛被枕以亚麻棉布包覆，既典雅又舒适。拉开落地窗帘，新加坡的城市风光晨昏相伴；浴室的设计则充满巧思，从毛玻璃门望向镜子与洗手台，微微透着时尚美感，完全挑高的天花板搭配落地玻璃窗景，让洗澡成了最性感的享受。

图片提供／Wangz Hotel

哪里住

址 231 Outram Road 电 (65) 6595-1388 网 http://www.wangzhotel.com 交 搭地铁在欧南园站（Outram Park）下车，走A出口，右转沿Outram Rd，横越Chin Swee Rd，走Tiong Bahru Rd可抵达

节庆新加坡

本地活动全年总动员

由众多种族移民所组成的新加坡，对于不同的宗教与文化相当包容。在这片共同生活的土地上，每个族群都能欢度自己的节庆，因此新加坡的庆典特别多。其中以华人农历新年、印度屠妖节、马来伊斯兰开斋节及欧美圣诞节最为盛大。再加上新加坡身为国际大都会，每年总吸引无数主题展览与表演来此交流，说来奇妙，这小小的岛国竟充满各式新鲜活动，全年无休，让观光客从年头一路玩到年尾。

1.华人农历新年庆典 Chinese New Year Celebrations

每逢农历新年期间，全新加坡各大商场和购物中心张灯结彩，恭贺声不断。其中以牛车水（Chinatown）最为热闹。年货市场不但从除夕前几个星期就开始贩卖，邻近街道挤得水泄不通；每年固定举办的新春亮灯活动更长达1个月，马路上架起高高的牌楼花灯，在夜里显得特别灿烂。除观赏亮灯美景外，感受热带国度的传统中国年味，还能参与“春到河畔迎新年（Singapore River Hong Bao）”及“妆艺大游行（Chingay Parade）”两项精彩活动。届时新加坡众多学校和民间团体将联合举办东南亚最盛大的街头嘉年华会，包括花车、踩高跷、舞龙舞狮等，不分种族，热闹非凡。

图片提供／新加坡旅游局

DATA 时 新春亮灯在牛车水举行，其他活动地点每年不尽相同，详情请上网查询 网 新加坡旅游局http://www.yoursingapore.com

图片提供／新加坡旅游局

2.印度大宝森节 Thaipusam

印度大宝森节，是新加坡的印度教徒向神明奉献、感恩及赎罪的日子。每年1月中下旬，许多教徒自愿以苦行僧方式，将铁钉及钩子穿透身体、背起巨大的钢制弓形针座（kavadis），从小印度的斯里尼维沙柏鲁玛兴都庙（Sri Srinivasa Perumal Temple）出发，沿着实龙岗路赤脚游行前往丹达乌他帕尼兴都庙（Sri Thandayuthapani Temple），来答谢众神实现他们的愿望，全程约4.5公里。据说有了神明的加持，那些背着钢制弓形针座的信徒丝毫不觉疼痛，也不见流血，尽管如此，置身于游行现场，您仍很难不被眼前的惊人画面所震撼。

DATA 址 小印度的斯里尼维沙柏鲁玛兴都庙、实龙岗路、坦克路的丹达乌他帕尼兴都庙

3. 新加坡乌节路时尚节 Fashion Steps Out @ Orchard Festival

来自世界各大知名品牌的最新风格与流行趋势，每年3~5月间将借由为期六周的时尚节庆精彩呈现，包括展览会与乌节路的时装走秀等，而乌节路各大购物中心将举办促销活动，部分品牌的最新款式甚至可以从新加坡直接买回家，流行教主或时尚达人千万别错过!

图片提供/新加坡旅游局

图片提供/新加坡旅游局

DATA 址 以乌节路为主

4. 新加坡热卖会 Great Singapore Sale

每年5月下旬起，新加坡所有的百货商场与购物中心均陷入疯狂大减价，在为期两个月的热卖会中，从流行服饰、珠宝精品、古董家具到电子产品等，可享有7折优惠。选在此时造访新加坡，既可捡便宜、A好康，还能参加幸运抽奖，赢得丰盛奖品，是血拼族千载难逢的好机会。

图片提供/新加坡旅游局

DATA 址 新加坡全岛的购物中心及特色商店

5. 世界名厨高峰会 World Gourmet Summit

以美食闻名的新加坡，每年4~5月都会邀请来自世界各地的名厨、酒商与饕客共赴狮城，参与历史悠久的"世界名厨高峰会"。这个活动不仅是全球料理精英大展身手的舞台，更是一场珍馐美馔的感官飨宴。凡报名参加者必须事先预约、穿着正式服装进场，可享用米其林星级名厨料理、体验品酒课程，还能现场观摩精湛的厨艺表演。

图片提供/新加坡旅游局

图片提供/新加坡旅游局

DATA 址 每年不同，原则上以浮尔顿酒店、君悦酒店、瑞吉酒店等地为主，详情请上网查询 网 http://www.worldgourmetsummit.com

6.新加坡美食节 Singapore Food Festival

图片提供/新加坡旅游局

新加坡美食节每年于7月左右举办。在长达1个月的节庆期间，来自世界各国的风味美食齐聚，游客可报名参加烹饪课程、美食之旅和各种主题的美食节目，大饱口福。由于这是个全民共同参与的活动，游客无论前往各大酒店、餐厅或小吃店用餐，都能享有各种优惠价格，还可一次品尝印度、马来、华人及娘惹等不同民族的传统佳肴，物超所值。

DATA 址 新加坡全岛各大饭店、餐厅及小吃店等

7.新加坡大赛车季 Grand Prix Season Singapore

2008年9月底，新加坡举办史上第一届F1夜间赛车，成功掀起热门话题，如今已成为节庆年历上的固定活动。每年9月下旬，市政区与滨海湾附近的马路被打造成比赛车道，总长约5公里，采逆时针方向进行，沿途将穿越众多历史建筑及高挑战性的弯道，赢得“东方摩纳哥”封号。

为了保障赛车手与观众的安全，主办单位还请来世界级灯光专家，负责装置最先进的照明系统。车道沿线设有豪华包厢与观众席，提供最动感的观赏视野。主办单位还针对住宿、门票推出各种套装行程，详情请上网查询。

DATA 址 市政区、滨海湾一带 网 http://www.singaporegp.sg

图片提供／新加坡旅游局

8.中秋节 Mid-Autumn Festival

月圆人团圆的中秋佳节将举办一系列庆祝活动，游逛牛车水、乌节路或新加坡河畔，都可观赏月饼制作示范和杂技表演，街边应景的摊位贩售形形色色的灯笼及各式口味独特的创意月饼，不妨尝鲜一番。

除了吃月饼是华人共同的中秋庆祝模式外，新加坡人在当天还会提灯笼，甚至将花灯挂满街边，在牛车水的新桥路上还会竖立高耸的牌楼灯饰，从天桥俯瞰灯海中车潮穿梭的景象，很有节日的气氛。

DATA 址 牛车水、乌节路及新加坡河畔等

9.印度蹈火节 Theemidhi Festival

在印度史诗《摩诃婆罗多》中记载着，女神Draupadi赤足走过燃烧中的炭火，以勇气来证明自己的清白。为了纪念她，每年10月下旬男性印度教徒必须赤脚走过长达4米的炙热炭火堆，以特技表演般的惊险仪式来表示忏悔与赎罪；女性教徒则边念经、边绕着炭火走3圈。活动当天于凌晨2:00从斯里尼维沙柏鲁玛兴都庙（Sri Srinivasa Perumal Temple）展开，傍晚则在牛车水的马里安曼兴都庙（Sri Mariamman Temple）举行这项蹈火仪式，有兴趣的游客不妨入内参观，请务必保持安静，切勿干扰仪式的进行。

DATA 址 小印度的斯里尼维沙柏鲁玛兴都庙、牛车水的马里安曼兴都庙

10.印度屠妖节 Deepavali Festival

每年10～11月，当小印度街头的牌楼灯饰点亮起来，就代表屠妖节来临了。屠妖节，又称为“万灯节”，是庆祝正义战胜邪恶、光明驱走黑暗的日子。

印度教徒们穿上新衣，在家中点燃油灯，祈祷新的一年能获得神明眷顾、带来好运。走在实龙岗路上，宝莱坞的歌曲阵阵传来，兴都庙里挤满祈福人潮，甘贝尔巷的节庆市集更是热闹无比。节庆期间还能品尝印度小吃、免费体验印度彩绘，充满欢乐气氛。

DATA 址 小印度

11.伊斯兰开斋节亮灯 Hari Raya Celebrations

在历经1个月的禁食斋戒结束后，就进入穆斯林一年当中最重要的开斋节庆典。尤其芽笼士乃（Geylang Serai）一带被彩色灯饰妆点得光灿夺目，街边市集展售着马来糕点、手工艺品和各种节庆用品。小贩的吆喝声不绝于耳，庆祝晚会与传统歌舞表演陆续登场。此外，在甘榜格南（Kampong Glam）也有庆祝活动与市集，想要体验地道的马来文化，不趁着10～11月前来欢聚，更待何时?

图片提供/新加坡旅游局

DATA 址 芽笼士乃、甘榜格南

12.热带圣诞节 Christmas in the Tropics

拥抱赤道温度的圣诞节特别热情，每年11月起，新加坡人就迫不及待地开始装扮圣诞街景，成千上万的彩灯将整条乌节路与滨海湾一带装点得宛如天堂乐园。各家购物中心与餐厅莫不挖空心思布置圣诞树，比创意、比排场，甚至比高度，尽管没有白雪飘落，却浪漫温馨无比。亮灯活动将持续到隔年1月初。

DATA 址 乌节路及全岛各大购物中心

Chapter 2

彻底准备篇

七大步骤
顺利出国！

准备工作流程表

步骤1 收集信息

出发前可先准备旅游书籍，阅读相关资料，或从网络上收集旅游资讯，以了解在新加坡旅行时的注意事项。

▸详见P.042

步骤2 规划行程

对于旅游目的地的景点、交通及住宿有初步概念后，就可依照天数与预算来做规划。在规划旅游行程时，时间最好保留弹性，避免行程过于紧凑导致走马观花。

▸详见P.046

步骤3 准备证件

出国旅游最重要的证件就是护照，中国护照入境新加坡可30天免签证，因此只要确认护照的有效期限在6个月以上即可；无护照或不符合规定者应提早至外交部领事局办理。

▸详见P.049

步骤4 购买机票

确定出发时间与天数后，要赶快订机票！可先通过航空公司网站或旅行社查询适合的航班时间，确定航班时间及票价后就可订票，订票时若机位没问题，马上就可付钱开票啰！

▸详见P.051

符号代表讯息

址 地点位置 电 相关电话 时 营业时间 网 相关网址 票 参观门票 费 费用 交 交通方式 注 备注事项

步骤 5

预订住宿

新加坡面积不大，可选择全程住宿同一饭店，不须依行程到处移动。饭店的选择十分多样，依照不同预算和需求，可通过旅行社、网络或直接打电话至旅馆预订。

▶详见P.053

步骤 6

准备旅费

新加坡的物价逐年攀升，想要玩得尽兴，预算一定要好好规划一下。最大笔的莫过于住宿费，一定要先挪出来，景点的门票也是一笔不小的开销，还有交通费和餐饮费，最后别忘了买纪念品或伴手礼的费用。

▶详见P.056

步骤 7

打包行李

新加坡四季如夏，只要携带夏季的衣服及防晒用品即可，不过新加坡室内都开冷气，室内外温差不小，可多带一件薄外套备用。另午后时常有雷阵雨，须记得携带雨具。

▶详见P.058

收集信息

勤做功课了解新加坡

1 推荐参考网站

随着现代发达的网路科技，只要敲敲键盘，所有旅游相关资讯都可以从网络上取得，包括热门景点、行程攻略、住宿优惠、实用资料及天气资讯等，甚至许多部落客的游记，不仅图文并茂且内容精彩丰富。只要花些时间在网络上爬爬文，您可能还会比当地人更了解新加坡的好吃好玩的景点及美食哦！

新加坡旅游局官方网站 YourSingapore（简体中文、英文）

http://www.yoursingapore.com

新加坡旅游局积极推广观光，特别为各国游客架设多国语言的旅游网站，计划前往新加坡旅游的游客，行前一定要来逛逛新加坡旅游局的官方网站，内容精彩丰富，不仅包含新加坡的历史、文化、艺术、饮食、住宿、机票及观光活动等，还有签证、海关、退税等生活实用资讯；有趣的是，网站里还有“新加坡英语”（Singlish）的教学，在新加坡旅游来上两句，当地人一定倍感亲切。另外，特别的资讯这里也有，网站连接到新加坡旅游局官方微博，可参考微博里的明星达人新加坡旅游经验及独特的私房景点推荐！

新加坡环境局官网（英文）

http://www.nea.gov.sg

新加坡邻近印尼、泰国等东南亚国家。这些地方农民常用火耕法来开辟农地，释放出有害的烟雾，导致新加坡空气污染。2006年、2013年印尼大火造成新加坡严重的霾害。2013年新加坡PSI空气污染指数甚至高达400以上。因此，出国前可以先查看新加坡环境局的网页，网页里提供天气预测、日出日落时间、新加坡吸烟区、食品安全及各种污染的监控。其中天气预测不只未来3天、10天，更有3小时、12小时的即时性预测，让您知道哪里马上就要下起大雷雨了！更重要的是可通过PSI的预测，了解未来新加坡空气污染情况；PSI低于100以下都是正常，可以放心出游。

圣淘沙发展局（英文）

http://www.sentosa.com.sg/en

想要完整了解圣淘沙岛上的各种游乐设施和精彩活动，就要到圣淘沙发展局的官方网站，通过互动式地图来介绍有趣好玩的景点设施，更可了解各景点的相对位置，网页里介绍岛上所有自然生态、探险活动、特色景点，让您在岛上一整天都不会无聊；更有六星级度假村、豪华顶级SPA及美味餐厅等，是个可以好好放松的地方；岛上还有高尔夫球场，想要挥两杆，到圣淘沙就对了。

新加坡购物节官方网站（英文）

http://www.greatsingaporesale.com.sg/s2013/index.html

每年的6~7月底是一年一度的新加坡购物节。在新加坡无论大型购物中心或商场里的小商店，全变成一级战区，不仅有超杀价格的促销活动，还会延长营业时间，甚至平常少打折的国际名牌精品也会推出少见的折扣优惠，难怪新加坡购物节是连当地人都引颈期盼的盛大节日；此时不只吸引大批国外游客来新加坡购物，更是当地人疯狂采购的好时机；在这段时间，不用担心买不到东西，只需担心口袋不够深。若要想尽情享受新加坡购物节的乐趣，一定要先逛逛新加坡购物节官方网站，才能买得便宜、挑得尽兴！

新加坡地铁SMRT网站（英文）

http://www.smrt.com.sg

SMRT是新加坡地铁的主要营运公司。在这个网站可找到所有有关地铁的资讯，包括各地铁站地点、营运时间、列车抵离时间、行程时间、票价等实用讯息，亦可下载最新的新加坡地铁路线图。此外，该公司亦提供新加坡25%的巴士路线及计程车的营运服务，SMRT营运的巴士相关资讯在此均有提供，也提供计程车的详细价格、预约资讯、付款方式等讯息。只要利用这个SMRT网站搭配新加坡公共巴士SBS Transit网站，就可囊括新加坡所有公共交通工具的资讯。

SBS Transit 新加坡公共巴士网站（英文）

http://www.sbstransit.com.sg

想要进行深入新加坡之旅，路线普及的巴士是不可或缺的交通工具。SBS Transit是新加坡最大的巴士公司，提供新加坡75%的巴士服务，SBS Transit的巴士路线行经地铁无法到达的偏远地区、新兴社区，甚至东部海岸，远至马来西亚柔佛新山市等地。这个网站是SBS Transi所架设的官方网站，提供巴士路线查询、时刻表、行程时间、票价等实用资讯，绝对是规划新加坡自助旅程的好工具。

sistic订票网站（英文）

http://www.sistic.com.sg

Sistic是一家新加坡票务公司。其经营的网站是新加坡最大的订票网站，任何想像的到的门票，在这里都找得到，举凡环球影城、水族馆、动物园等新加坡游乐园门票，还有演唱会、音乐剧、展览等文娱活动，甚至一级方程式赛车等国际型赛事门票，不要怀疑！连国外，如马来西亚乐高乐园、印尼马格兰婆罗浮屠神庙和日本Hello Kitty乐园的门票，都可以在这里买到。

滨海湾金沙综合娱乐城（繁体中文、英文）

http://www.marinabaysands.com

该网址为滨海湾金沙综合娱乐城的官方网站。在这个网站上，除可预订滨海湾金沙酒店的房间外，还可查询滨海湾金沙综合娱乐城中任何活动的相关资讯，包括博物馆近期展览主题与内容、百老汇音乐剧的票价与演出日期；甚至溜冰场、金沙空中花园、游泳池、汇集300多家名店购物中心的优惠活动；还有各式各样的餐厅及俱乐部的介绍与资讯；了解一下赌场、酒吧的资讯，夜生活可就多采多姿了。出发前只要先逛逛这个网站，就不用担心不知从何玩起了。

新加坡酷朋优惠券（英文）

http://www.groupon.sg

在新加坡除可以享受东南亚美食外，也因新加坡的西方外籍人士众多，这里酒吧、西式餐厅里的西式美食相当地道，可惜灯光好、气氛佳的餐厅价格也颇高昂，不过只要在新加坡酷朋网站买到餐厅的优惠券，享受美食就不用勒紧裤带了。建议出发前可以上新加坡酷朋网站逛逛，许多新加坡餐厅、景点等优惠券都可以在这里找到。通常酷朋网站的店家都提供50%以上的折扣优惠，运气好的话就可以找到所需餐厅或景点的优惠券。

2 参考旅游书

网络上提供的资讯虽然迅速，但繁多复杂，且多为片面性的资讯，也容易出现错误资料，因此要花费相当时间来过滤。反之，旅游书籍可提供完整且全面的资讯，只是书籍更新的速度不如网络来得迅速，因此挑选旅游书籍时要特别注意出版日期，而且市面上旅游书籍的版本众多，好好选一本切合自己需求的旅游书籍，不仅在准备旅程上可事半功倍，更可让您有个终生难忘的新加坡之旅。

新加坡玩全指南

旅游教育出版社出版

针对前往新加坡自助旅行者的实际需要规划，区分为“行前准备”、“新加坡初体验”、“分区导览”、“旅游锦囊”四大单元，将新加坡最精华的景点、最人气的饭店、最热门的餐厅、各民族荟萃的经典建筑及购物、小吃等，尽可全数网罗，即使首次拜访新加坡，也能轻松玩得尽兴。“行前须知”将新加坡文化风俗、民间信仰、禁忌习俗、旅游安全等汇整出行前注意事项；“行程建议”乃依照新加坡旅游特色，规划出5条4天3夜的主题行程，读者可依照喜好混搭配套。“新加坡初体验”，提出玩乐新加坡必做的7件事，包括新加坡必享独卖体验、必访民族风情、必尝国民美食、必买伴手特产、必住精品饭店、必泡夜店特区及必玩多元节庆等内容，彻底颠覆大众对新加坡的刻板印象，重新发现当地最好玩、最经典的旅游魅力。“分区导览”，将新加坡本岛与两大离岛度假胜地——圣淘沙、民丹岛规划成16个分区，以详实的地图，利用地铁搭配步行的方式，边走、边看、边玩、边吃，轻松畅游各个经典热门景点。“旅游锦囊”，则提供最实用的旅游实用资讯，包含交通、住宿等情报，是前往新加坡旅游必备的工具书！

文化震撼之旅·新加坡

旅游教育出版社出版

本书是一本精彩纷呈、不可或缺且人人必备的新加坡深度旅游文化读本，专为想要真正了解新加坡文化的旅游者以及移居、留学新加坡或长期访问居留者所作。本书作者都亲身经历过文化适应过程中的酸甜苦辣，他们有足够的资格向那些希望完全融入各种相关文化的人提供热情而详尽的建议。作者以活泼、诙谐的笔调，呈现了以下内容：

深刻剖析当地的文化传统；

建议如何适应当地的环境；

提供日常生活的基本窍门及语言方面的帮助；

介绍如何充分享受旅行带来的乐趣。

3 当地旅游局

新加坡旅游局在市区内许多重要的景点都设立了游客中心。每个游客中心各有特色，服务的目标客群也随着游客中心所在地而有所不同，通过专业人员的解说，让游客可以马上了解各个景点的不同特色与相对位置，且每个游客中心均提供免费旅游资料、地图或折页，甚至还有许多好康的优惠券。

DATA
新加坡旅游局 电 1800-736-2000（新加坡免费电话）、(65) 6736-2000（海外游客拨打）时 周一至周五（公共假期除外）09:00-18:00 网 http://www.yoursingapore.com

新加坡游客中心@乌节路

位于乌节路上的新加坡游客中心，可说是新加坡游客中心的旗舰店。该建筑物的外观是由“SINGAPORE VISITORS CENTRE”巨大字体组成的墙面，每天夜晚还会打上不同颜色的灯光，比起旁边的大型购物中心可一点也不逊色，且地处精华地段，交通十分便利。这里也提供预订饭店、购买景点门票、预订团体旅游等服务，并有一整个墙面的旅游折页和地图可免费索取；贴心的是，有免费上网及茶水供游客解渴，更摆设OSIM的美腿机可免费使用，让游客逛累了乌节路上数十家的购物中心后，可以顺便晃进来这里，好好放松一下。

DATA
址 经禧路（Cairnhill Road）与乌节路（Orchard Road）交叉口 时 每日09:30-22:30 交 索美塞地铁站（Somerset, NS23）出口B过马路步行3分钟

新加坡游客中心@ ION Orchard

ION Orchard，是位于乌节地铁站正上方的购物中心。其8层楼高的建筑地处新加坡的黄金地段。新加坡游客中心刚好就在ION Orchard一楼的地铁出口。千万不要错过的是，游客只要在这里出示护照，就可拿到装满超值优惠的游客专属卡夹，甚至只要单笔消费超过新币5000元，还有专属的豪华礼车送您到机场！

DATA
址 ION Orchard一楼服务台 时 每日10:00-22:00 交 乌节地铁站（Orchard，NS24）出口处

牛车水游客中心@牛车水广场（Kreta Ayer Square）

为了让游客更了解新加坡牛车水的历史文化，新加坡旅游局于2011年在牛车水新增游客中心。该游客中心位于新加坡佛牙寺龙华院后方。其建筑由当地设计师设计，古色古香的传统木屋，搭配造型独特的外观及现代化的装潢；这里除提供游客咨询与旅游资料外，还有专为探索牛车水的游客提供牛车水一日游的行程，另还贩售具有中国文化特色的纪念品。

DATA
址 2 Banda Street 时 周一至周五09:00-21:00、周末及国定假日09:00-20:00 交 牛车水地铁站（Chinatown，NE4）出口B步行5分钟，或搭乘巴士80、145到Maxwell Rd FC下车步行约2分钟

TicketCube

来到新加坡，怎能错过热门演唱会、百老汇音乐剧或一级方程式赛车等活动呢？只要来趟位于乌节路上的TicketCube，便可得知所有新加坡最新的艺文或娱乐活动资讯。TicketCube，是新加坡一个综合票务服务中心，结合新加坡四大主要票务供应商ApeSnap、Gatecrash、SISTIC 与TicketBooth的资源，游客除可获得新加坡演出活动的最新讯息外，通过专人咨询也可得到优惠票价的资讯，更可直接在现场快速购票。

DATA
址 位于乌节路上的威士马广场（Wisma Atria）与义安城（Ngee Ann City）中间 时 周日至周四10:30-21:00、周五、周六与公共假日10:30-21:30 交 乌节地铁站（Orchard, NS24）往义安城方向步行2分钟

规划行程

美好旅程，从用心计划开始

1 依天数规划

新加坡只要约6个多小时的飞行时间就可抵达，融合了多元文化并拥有许多生态公园、主题乐园及现代化的大型购物中心，对于初次到访者，很难一次就玩到位，比较适合多次到访，细细品味这个充满生命力和创造力的城市；更可安排较长的假期，把触角延伸至邻近东南亚国家，享受不同城市的多重风情。

亮点行程4日游（实际天数为3日）

可千万不要小看新加坡。它虽然面积不大，但可以玩的东西可是多得想像不到，难怪它是亚洲的观光大国。选择一个周末搭配2天的连续假期，就可以安排一趟放松的新加坡之旅了。4天假期扣掉搭机的交通时间，真正的观光时间只有3天，可安排几个必玩的主题乐园，并进行市区观光，在市区人群中感受多元化种族融合的魅力。

→可以玩

环球影城1天+滨海湾金沙娱乐城及其周边（鱼尾狮公园、滨海艺术中心、滨海湾花园、摩天轮）1天+市区观光（牛车水、小印度、武吉士、克拉码头、乌节路、殖民行政区）1天。

深刻丰富6日游（实际天数为5日）

想要好好玩遍新加坡，非得排出6天以上的假期不可。新加坡各式各样的生态公园及主题乐园，是适合全家亲子出游的好地方。其不仅每年为新加坡创造高额的观光营收，也让许多到访新加坡的游客印象深刻。除此之外，还可安排逛逛市中心的殖民行政区，欣赏殖民时期所留下的特殊英式建筑，与高楼大厦交错林立，可借以深入了解新加坡的历史背景与城市演变过程。

→可以玩

圣淘沙名胜世界（含水族馆）1天+环球影城1天+新加坡游乐园择二（动物园、植物园、夜间动物园、裕廊飞禽公园、植物园、河川生态园、Wild Wild Wet水上乐园）1天+滨海湾金沙娱乐城及其周边1天+市区观光1天。

畅游新马8日游（实际天数为7日）

图片提供/Manfish

想要到邻近新加坡的马来西亚，只要花30分钟，搭巴士就可从新加坡最北边的兀兰到马来西亚最南边的新山市，甚至只要花3小时的车程，即可抵达世界文化遗产的城市——马六甲，来一趟具有深度的文化古城之旅。游客可以在马来西亚驻新加坡大使馆办理签证，就可以随心所欲地畅游新马两国。

→可以玩

圣淘沙名胜世界（含水族馆）1天+环球影城1天+新加坡各种游乐园1天+滨海湾金沙娱乐城及其周边1天+市区观光1天+马来西亚麻六甲2天。

东南亚三国10日游（实际天数为9日）

既然来到新加坡，就要好好利用新加坡地理位置的优势，一次玩遍邻近的马来西亚及印尼。去马来西亚可以在马来西亚驻新加坡大使馆办理签证；入境印可直接在当地办落地签即可，印尼落地签费用美金10元。因此只要带上护照，可到马来西亚的马六甲进行世界文化遗产的巡礼，也可顺道到印尼民丹岛的高级度假饭店里，好好享受阳光、沙滩及顶级的SPA放松疗程。

可以玩

圣淘沙名胜世界（含水族馆）1天+环球影城1天+新加坡各种游乐园1天+滨海湾金沙娱乐城及其周边1天+市区观光1天+马来西亚麻六甲2天+印尼民丹岛2天。

2 依预算规划

自助旅程中想要玩得好、玩得巧，一定得要好好抓紧预算，把钱花在刀刃上。因此，除需准备充裕的旅费外，还必须减少花费，才能玩得轻松又尽兴；而想要减少旅游开销，最重要的就是避开旺季的旅游潮。另外住宿、交通方面也都是预算考量的重点。

住宿的考量

住宿的费用可以说是旅程支出中最大的部分了，因新加坡地小人稠，住宿费不算便宜。热门的五星级滨海湾金沙帆船酒店每晚至少2000元人民币起跳，想省住宿费者，可选择和多人一起搭房的青年旅馆，每人每晚大约人民币120~160元左右。新加坡大部分饭店旅馆都分布在距市区30分钟车程的范围内，因此不用担心会离市区太远；此外，可选择离地铁站较远的旅馆，也会相对便宜，不用担心交通，附近一定有巴士可接驳。

交通的考量

在新加坡的公共交通工具相当便捷且经济实惠，因此建议自助行时可选择公共交通工具为主要代步工具，且一定要事先规划好行程，再依行程规划至当地购买所需的车票，另外可利用公共交通的转乘优惠，尽量安排以地铁、接巴士、再接地铁的方式搭乘。计程车部分因费用较高但机动性强，可当做救急性的交通工具，在行程落后时可发挥很好的效果。只要充分利用这些交通工具，新加坡自助行可以轻松又省钱。

淡旺季的考量

新加坡旅游淡旺季主要考量学校的学期制度，5月底~6月底的4周与11月中~12月底的6周，都是新加坡学校衔接上下学期的假期，类似中国的寒暑假，此时机票一票难求。许多游乐区的门票更以旺季票价计价。此外，新加坡的特殊节庆活动期间，如新年假期、新加坡购物节和一级方程式赛车赛事期间等，都吸引来自国外络绎不绝的游客，不仅机票难订，连饭店订房都常常爆满，除非来新加坡是为了参加这些活动，否则也请尽量避开节庆活动的期间。

3 依旅游目的规划

安排一趟自助旅游，不仅要耗费精神，还要花费大量的时间与金钱，因此想要旅程充实有意义，出发前最好对旅游地点好好研究，了解当地文化与特色魅力，再结合自身的需求与喜好，才能打造出最适合自己的新加坡自助旅游行程。

血拼购物

新加坡是个免税的购物天堂，只要同一家店购物累计满新币100元，就可以请店员开退税单到机场退7%的商品税，除免税以外，新加坡从5月母亲节开始到6、7月的购物节及12月的圣诞假期，都是商店疯狂折扣的期间。商店可能出现三折以下的流血折扣，很多餐厅也祭出买一送一的超值优惠，因此血拼购物成为很多人规划新加坡旅游的主要因素。新加坡逛街购物的首选地点一定是乌节路。乌节路上汇集数十家大型百货公司。许多欧美精品名牌、概念潮店或当地知名品牌都可以找得到。另外，新加坡滨海湾金沙购物广场和目前占地最大的购物中心怡丰城（VivoCity），也都是很好的血拼地点。

主题乐园与生态公园

说新加坡是主题乐园的天堂一点也不为过。众所周知的圣淘沙名胜世界、环球影城、Wild Wild Wet水上乐园等，热爱主题乐园的游客在这里花上好几天也不意外；另外，还有动物园、植物园、夜间动物园、裕廊飞禽公园、植物园、河川生态园，以及新加坡科学馆（Science Centre Singapore）等，这些游乐园不仅充满乐趣，也极富教育意义。许多生态景观及游乐设施小朋友可亲身体验，是非常适合亲子一同出游的好地方。

节庆娱乐

新加坡的种族多元。人种以华人最多，其次为马来西亚人和印度人。种族融合的结果，造成多元文化已成为新加坡社会发展的代名词。这种多元的文化特色也反映在新加坡的重要节日上，仔细看看新加坡的行事历，你可以发现印度的屠妖节、回教的开斋节及中国的农历新年等不同民族的节日。10月29日屠妖节，是印度人最重要的节日，可以说是印度人的新年。当天在小印度区有许多精彩的庆祝活动。开斋节相当于伊斯兰教的新年，为庆祝斋戒月的结束，在阿拉伯街的回教文化区特别热闹。游客可借由参加开斋节的庆祝活动来探索伊斯兰教文化。中国农历新年期间，一定要到牛车水逛逛，到处张灯结彩，十分热闹。

艺术、运动与文化

到新加坡你或许会很惊讶，这个现代化的城市里到处充斥着画廊、美术馆或博物馆。在新加坡美术馆、艺术之家、红点设计博物馆（Red Dot Design Museum）里，游客可以尽情欣赏每一件珍贵的艺术作品；或者可到亚洲文明博物馆、新加坡国家博物馆、土生华人博物馆和新加坡艺术博物馆，进一步探索新加坡的传统文化与殖民历史。此外，还有国际性的一级方程式赛车，在新加坡赛场，有七成的赛道是原本的交通路面，且也是全球唯一的夜间赛道；甚至在滨海湾金沙娱乐城，每个月都有不同的百老汇音乐剧巡演；多样化的文娱活动，都是旅程中不容错过的精彩。

准备证件

旅游必备证件不可缺少

1 申请护照

除必要的证件外，出国真的不需要带太多的东西，不然怎能享受血拼的乐趣呢？不过听过太多到了机场却上不了飞机的恐怖剧，该准备的东西还是要一项一项地检查清楚比较好。

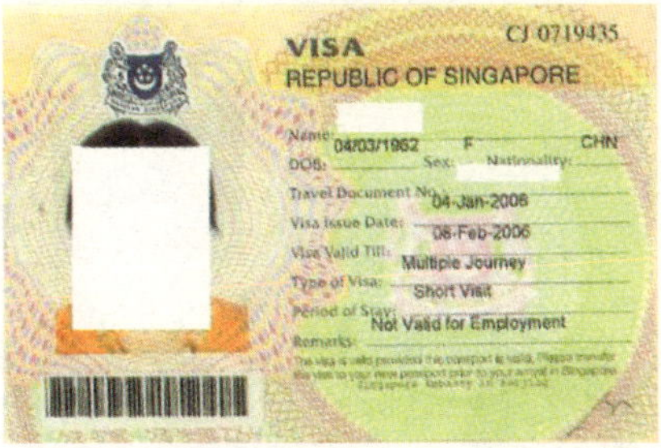

申办护照

以下情况需要办护照：第一次出国需要办护照；护照有效期不满6个月，需要更换护照。

护照办理步骤（以北京为例）

护照办理的具体程式为（以北京为例）：

1.填写《中国公民因私出国（境）申请表》（此表格可以到各派出所、公安局出入境管理处网点领取，也可从网上下载，下载网址http://www.bjgaj.gov.cn/net_service/download_center/info_list.jsp?pages=3&unit）。

2.提交申请。提交申请时须携带下列材料：

☆本人户口名簿、居民身份证原件和户口簿首页、本人资料页、变更页和居民身份证的复印件；

☆填写完整的《申请表》原件；

☆近期2寸淡蓝色背景彩色证件照1张；

☆200元工本费。

3.领取护照。北京市公安局办理护照的时间为5个工作日，届时携带本人户口簿及居民身份证原件和取证回执单，即可领取护照。

申办签证

新加坡旅游、商务签证可在新加坡驻华使领馆办理，各大旅行社及中信实业银行也可代为办理，但会加收一定的费用。具体事宜请向相关机构咨询。

Tip 护照办理地点

护照需要到户口所在地公安局的出入境管理处办理。

北京市公安局出入境管理处

地　　址：东城区安定门东大街2号

咨询电话：010-84020101

人工咨询：周一至周五（法定节假日除外）8:30~12:00，13:00~17:00

语音咨询：24小时服务

办公时间：周一至周六（法定节假日除外）8:30~16:30

上海市公安局出入境管理处

地　　址：上海市浦东区民生路1500号

咨询电话：021-28951900

办公时间：周一至周六（法定节假日除外）9:00~17:00

Tip 签证这里办

新加坡驻北京大使馆

地　　址：北京市朝阳区建国门外秀水北街1号（100600）

电　　话：010-65321115

传　　真：010-65329405

E-mail：singemb_bej@sgmfa.gov.sg

工作时间：周一至周五08:30~12:00 13:00~17:00

网　　址：http://www.mfa.gov.sg/beijingchi

新加坡驻上海总领事馆

地　　址：上海市万山路89号（200336）

电　　话：021-62785566

传　　真：021-62956038

E-mail：singcg_sha@sgmfa.gov.sg

工作时间：周一至周五08:30~12:00 13:00~17:00

网　　址：http://www.mfa.gov.sg/shanghaichi

2 国际学生证

新加坡是个观光国，学生的优惠并不多，票价都只分为成人与孩童居多。不过申办一张在身边也许会有帮助。

3 国际青年证

在新加坡使用度不高，不常见。建议不用特别办理或携带。

Tip 国际学生证、国际青年证这里办

国际学生证协会中国办公室

地　　址：北京市东三环北路甲二号京信大厦2142-2145室（100027）

电　　话：010-65981876，010-65981976

网　　址：http://www.isiccard.com.cn/

国际学生证办理中心

（国际学生证申请费用140元，国际青年证申请费用160元）

地　　址：北京市东城区东直门外大街48号东方银座C座21A（100027）

电　　话：010-84549302/03

工作时间：周一至周五9:00~18:00（周六、周日休息）

网　　址：http://www.chuguo.cn/study_abroad/campaign/isic/

国际学生证上海办证中心

（国际学生证申请费用85元，国际青年证申请费用85元）

地　　址：上海市南京西路580号南证大厦23层2320室（200041）

电　　话：021~62180690, 021~62189050

工作时间：周一至周六9:00~18:00（上门办理者立等可取）

4 国际青年旅舍会员卡

如果你登录国际青年旅舍·中国网站(http://www.yhachina.com)，会发现适用的地区并没有新加坡！因为在新加坡是没有青年旅舍的。此地所谓的Hostel，是类似青年旅舍但却是私人经营的，因此住宿的人无需证件，只要是背包客、讲究便宜价格的人就能入住。因此，HI卡在新加坡是不管用的！建议不用特别办理或携带。

购买机票

搞定机票出发去!

购买机票之前须了解，旅客的汉语拼音姓名是预订机票的重要关键，“有效机票”的要件之一是订位的汉语拼音姓名必须与护照上的汉语拼音姓名相同；因此，虽然不一定有护照才能订机票，但很多票务网站和旅行社为避免不必要的麻烦，通常都会要求旅客事先准备好护照，甚至许多票务网站要求输入护照号码才可订票。

何时购买机票?

若已确定旅行日期，当然越早预订机票越好，买到便宜舱位的机会较高，不仅机票价格较为优惠，也有较多的航班时间可以选择，若遇到农历新年、国庆日、新加坡购物节等特殊节日，更需提早预订机票，尤其在一级方程式赛车之国际赛事期间，很容易发生有钱也买不到机票的情况。如果要在这些旅游旺季期间前往新加坡，建议出发前3个月就必须订好机票，否则可能会买到价格高昂的机票，运气更差的可就要取消旅程了。

直飞与转机

中国与新加坡的航班频繁，每天都有多班飞机往来，航班大多为直飞，直飞航程约6小时；转机航班多在香港或东南亚城市，航程时间视转机停留时间而定，比直飞航程多约2~5小时不等。一般来说，转机的票价会比直飞便宜，但所需的时间会较长，且尚须考量转机机场的机场税、兵检等额外费用，有些加上机场税后可能比直飞的票价还贵，因此订票前最好将多家航空公司的税后票价进行比较。

哪里买机票?

1.旅行社：虽然旅行社可能会收一点服务费，不过通过旅行社订票的好处是有专人可供咨询，更改、取消机票亦有专人服务，此外预订机票后尚不需马上付款，等确认机位后才需开票付款，开票前都可取消或更改，较有弹性。另须注意，选择刷卡付机票款者，旅行社可能会加收2%的手续费。

2.旅游网：所谓货比三家不吃亏，通过旅游网订票的好处是可比较多家航空公司的票价，也较容易选择适合的航班时段，但缺点是更改、取消机票都要遵守旅游网的严格规则，且订票同时就要付款开票，较无缓冲时间。

3.航空公司网站：许多航空公司的会员会直接在航空公司的网站订票，不但可集中累积飞行里程数，航空公司还可提供贵宾会员较多优惠待遇，如优惠票价、额外的行李重量，甚至在旺季时机票抢手，航空公司会优先升等贵宾会员，借以空出机位卖给其他乘客。

订购机票注意事项

1.航班时间：有些晚去早回的航班票价，虽比早去晚回的航班便宜得多，但要多花一、二晚的住宿费用，订票前可要好好精算；另有些起飞时间在半夜的航班，票价也会相对便宜。

2.机票限制：许多优惠票的价格虽然便宜，但限制也相当多，例如，停留时间长短、航班是否可更改、是否可退票、机票是否可改期和淡旺季使用限制等。一般来说，票价越便宜者其限制越严苛。这些相关的限制在订票网页上都写得十分详细，订票前一定要详细了解，通过旅行社订购机票者也必须询问清楚。

3.订位姓名：若发生订票的汉语拼音姓名与护照不相同时，每家航空公司对于修改的规定不尽相同，大致上来说，对于轻微的错误，航空公司可以加注方式处理，例如，称谓错误、加冠夫姓、姓与名倒置等，但如果发音完全不同拼音错误或姓氏拼错等，这些严重错误就要花上一笔费用退票重开。退票重开在机位爆满时，可能有重定不到机位的风险。因此，订票时一定要不厌其烦地确认订票姓名与护照上姓名相同才行。

4.确认机票：出发前最好再跟航空公司确认定位纪录，尤其机位有做过变更或修改者，再次确认的程序千万不可少。旅客常常以为已办完修改机位的手续，但航空公司的纪录却未变更。这种情事屡见不鲜，倒楣的总是旅客本身，因此多一个确认程序可多一分保障，让旅程顺利进行才是最重要的。

飞往新加坡的主要航班及相关资讯

中国地飞新加坡的所有航空公司有很多，可以划分为直航班机的城市和航空公司两大块。

（1）直航城市：北京、天津、上海、成都、广州、深圳、西安、杭州、门、福州、昆明、沉阳。

（2）航空公司主要有：中国国航、新加坡航空、国泰航空、东方航空、南方航空、门航空。

中国国航

电话：95583

网址：http://www.airchina.com.cn

http://wap.airchina.com

新加坡航空

地址：朝阳区建国门外大街2号银泰写字楼C座4303室

电话：（010）65052233

廉价航空（Budget Airlines）

廉价航空，是指一些将营运成本控制较低，借以压低机票价格作为其卖点的航空公司。廉价航空最早起源自美国。飞机是美国民众最常用的快速交通工具，不过很多旅客不需要精致舒适的服务，只要安全并快速抵达目的地即可，于是许多航空公司便逐渐发展成廉价航空。

目前在亚洲营运的廉价航空有数十家，以新加坡为营运基地的就有4家。其中捷星（Jetstar）、酷航（Scoot）及虎航（Tigerair）都有航班直飞中国与新加坡。以新加坡与北京的飞行时间6小时来说，搭乘时间不长，廉价航空是非常适合且省钱的选择，不过廉价航空不像一般航空公司，预订机票前还是先了解一下较好。

廉价航空的特色

1.越早预订越便宜：早一点订票大约可节省一半的价格，但还须视淡旺季而定，若临时订票的话，价格与一般航空公司差不多，可就一点都不廉价了。

2.优惠促销：廉价航空常不定时做优惠促销，“买一送一”、“二人同行半价”等优惠，甚至还有“一元机票”，但要注意机票价格是不含机场税等其他费用的。

3.网络单程售票：廉价航空为降低成本，售票方式大部分都不经由票务中心或旅行社，是由旅客直接在航空公司网站交易，且售票以“单程票”为单位，与一般航空公司以“往返票”为常用的售票单位不同。

4.无免费餐点及视听娱乐设施：廉价航空不提供免费餐点和视听娱乐设施，若需用餐或使用视听娱乐设施需另外收费。

5.机上空间狭窄：廉价航空为了提高乘载量，因此设置较多乘客座位，使得空间显得拥挤，身形高大的乘客会较不舒服。

6.降落次要机场：廉价航空常常降落在许多大城市的次要机场，与主要的国际机场地理位置不同，且无空桥可使用。不过新加坡目前只有一个樟宜机场，不需担心机场位置问题。

廉价航空的注意事项

1.变更机票：廉价航空的机票便宜，但限制条件也较严格。许多优惠票不仅无法变更时间，订票后也无法退票，购票前最好仔细看清楚条款。

2.行李限重：搭乘廉价航空的行李重量需另外加价购买，订票时就应先购买所需的行李重量，且廉价航空对于行李重量的要求相当严格，完全没有弹性空间，只要超重就必须加购，临时加购重量的价格是非常昂贵的。

3.取消航班：廉价航空可能因乘载不足或天气因素而临时取消航班，乘客只能无条件接受航空公司的安排，且不会获得任何赔偿，若旅客本身无法配合航空公司的调整，就要有损失机票的心理准备。

预订住宿

预约舒适的休息空间

当护照、机票都准备妥当后，接下来就是解决住宿问题了。新加坡观光发达，连带住宿产业也相当兴盛，饭店旅馆大都集中在观光地区或市中心附近；此外新加坡面积小，许多景点距离也不远，都可当日来回，旅途全程住宿同一饭店即可，因此好好选择一个交通便利的住宿地点，可为旅程节省不少交通时间。

何时订饭店？

决定好出发、回程日期及行程后，便可着手安排住宿了。虽然新加坡住宿选择多，不过越早预订的优惠也越多，价格会较划算，尤其千万不要到当地才找下榻的饭店，入住当天的订房价格通常会颇高，且热门的饭店很容易爆满，最好要事先预订好房间。旅游旺季期间更需提早准备，以免住宿在不顺路或不喜欢的饭店，影响旅游心情。

哪里订饭店？

1.旅行社：饭店为了提高住房率，常常会提供旅行社优惠的团体价格。因此通过旅行社订房很有机会拿到比网站上还优惠的价格。不过，旅行社却也常常须一并购买机票才可获得优惠房价，但好处是有专人提供咨询，只要告知服务人员旅游时间、地点、预算、住宿偏好及相关需求，即可快速订房，相当方便。

2.饭店网站：虽然大部分饭店网站提供价格不如旅行社或订房网上的价格优惠，但饭店网站常常提供住宿套装优惠，例如，一泊二食或免费市区旅游等优惠活动，对于有相关需求的旅客是相当划算的。因此，订房前除比较价格资讯外，不妨也逛逛欲下榻的饭店网站，说不定可以捡到便宜喔！

3.订房网：因网络发达之故，越来越多的人习惯在订房网上预订房间。订房网的房价往往比饭店定价更为优惠，且越早预订价格也越优惠，甚至有的订房网还提供下次订房可折抵的回馈金；另订房网除提供特定区域不同饭店的价格外，也可看到其他住客对于饭店的评价，可作为订房的参考。

旅游搜寻引擎

因订房网站众多，且每个订房网的优惠促销都不同，对于精打细算的旅客来说，重要的是如何囊括所有订房网的优惠并进行比价，此时“旅游搜寻引擎”便应运而生。“旅游搜寻引擎”是一种整合众多订房网站之资讯与价格的网站，针对同一家饭店，通过“旅游搜寻引擎”即可搜寻出提供最优惠价格的订房网，再连接至该订房网站预订房间，因此每个订房网提供的优惠绝对不会被错过，是安排自助旅游的好工具。

在新加坡自助旅行，想预订旅馆或饭店，首推的“旅游搜寻引擎”是Wego。它是一家基地设于新加坡的“旅游搜寻引擎”网站，拥有使用者方便操作的中文介面。该网站除搜寻各大订房网外，亦搜寻饭店官方网页的价格，另该网站除提供订房价格搜寻外，也提供机票价格、景点门票等搜寻服务。

Tip 推荐的“旅游搜寻引擎”

- Wego：http:// www.wego.com.sg
- TripAdvisor：http://www.tripadvisor.com
- Skyscanner http://www.skyscanner.com
- HotelsCombined：http://www.hotelscombined.com

“旅游搜寻引擎”比价订房Step by Step（以“旅游搜寻引擎”Wego为例）

Step 1

进入Wego网页（http://www.wego.cn），可在右上方选择计价币别及国别。

Step 2

直接在首页的“搜寻饭店”里输入目的地新加坡、饭店名称（没有指定饭定可不填写）、入住日期（没有确切的入住日期可勾选“我还没有确定旅游日期”）、房间数量与入住人数等资讯，在开始搜寻饭店前，记得勾选最下方各家订房网后，按“搜寻饭店”。

Step 3

搜寻结果显示每家饭店在不同订房网的价格，比较各饭店价格后，直接在欲预订饭店栏位内的最低价格按“选取”，即可连接到提供最低价格的订房网。

Step 4

连结到提供最低价格的订房网，开始预订房间。

新加坡住宿选择

新加坡是亚洲高消费水准的国家之一，因此住宿费用也相当高，但观光业所带动的住宿产业盛行，使得住宿选择非常多样。高价饭店或低价旅馆都有，因此房价的价差也很大，且每个饭店或旅馆也都各有特色。除预算考量外，饭店的地理位置、多样化的设施、服务品质等，都是选择的参考依据。因此，想找适合的住宿饭店，还得花点时间好好研究一番。

青年旅舍（Hostel / Backpackers）

青年旅舍主要提供便宜、干净的住宿空间，通常以床位为计价，每房约4～8床不等，需与陌生人共用房间，虽然价格便宜，但缺乏隐私，且安全性堪虑，贵重物品最好连睡觉时也要随身携带。不过有些青年旅舍也提供套房式房间，虽价格较高，但较无安全顾虑。新加坡的青年旅舍都位于热门景点或市中心附近，交通相当方便，除4家YH国际青年旅舍外，还有相当多其他青年旅舍可供选择。非YH系列的青年旅舍不需YH卡就可以入住，不过须注意，住宿品质可能参差不齐。

图片提供／Aleksandr Zykov

经济型商务饭店

商务饭店通常不供应早餐，饭店设施也相当简略，大部分没有餐厅、游泳池或健身房等设备，仅提供简单的餐点，设一个联谊厅或酒吧供房客聊天寒暄，但提供干净整洁的住宿环境，不过相较于一般商务饭店的装潢过于简陋。现在有些商务饭店的家具与装潢相当讲究，例如，新加坡雅乐轩饭店（Aloft）。该饭店是W hotel旗下的精品商务饭店。除没有必要的设施和仅提供有限的服务外，保留五星级饭店该有的住宿品质，是现在年轻人相当喜爱的一种住宿选择。

高级饭店

因新加坡的观光业兴盛，当地许多四星级以上饭店的客层也以观光的游客为主，通常星级越高其价格也越昂贵，而饭店硬体的建筑、装潢与设施等也越豪华，软体的管理及服务也越精致。新加坡的高级饭店多位于交通便利的地点。饭店内的基本设施包括各种餐厅、酒吧、游泳池或健身房等，提供房客免费使用，例如，滨海湾金沙酒店、文华东方大饭店、希尔顿饭店等。其中滨海湾金沙酒店更以可俯瞰城市景观的空中游泳池著称。

度假村（Resort）

度假村的特色是占地面积广阔，饭店设施有应有尽有，饭店也安排各式各样的活动，让房客不出饭店便可玩得很尽兴。新加坡的度假饭店大多位于圣陶沙岛上。滨海的度假饭店还拥有私人沙滩，从基本房型到高度隐密的别墅都有，例如，西罗索海滩度假村（Siloso Beach Resort）、圣淘沙度假村（Sentosa Resort & Spa）、嘉佩乐酒店（Capella Hotel）等。其中嘉佩乐酒店的顶级设施里还包括18洞的高尔夫球场。

超五星级豪华饭店

身为国际大都市的新加坡，全球大企业多在此设立亚洲总部，除了企业家常常至此出差外，新加坡的低税赋也吸引世界上许多富豪级的企业家移民，因此普通的五星级饭店当然无法满足金字塔顶端的企业家们。顶级的五星级饭店在新加坡蓬勃发展。这类饭店拥有气派的建筑外观、豪华典雅的设备装潢、更有超越五星级饭店的顶级服务，如，专属的私人管家服务，只要拨通电话，私人管家一定满足房客所有大大小小的需求，例如，丽思卡尔顿（Ritz-Carlton）、瑞吉（St. Regis）或百年历史的莱佛士酒店（Raffles Hotel）等，都是以超乎预期服务著称的最顶级饭店，预算充足的旅客一定要来尝试一下。

Tip! 推荐的线上订房网站

- 易游网国际订房：http://www.eztravel.com.tw
- Agoda.com：www.agoda.com
- Booking.com：www.booking.com
- Hotels.com：http://zh.hotels.com/
- HotelClub：http://www.hotelclub.com
- AirAsiaGo：http://www.airasiago.com
- 全球旅馆订房中心：http://www.allhotel.com.tw

准备旅费

掌握省钱妙招轻松游

新加坡是亚洲高消费水准的国家之一，尤其近几年新加坡的物价更是节节高升，因此为了节省旅行开销，各种费用都非得精打细算不可；一般而言，旅行中的交通、饮食、住宿及景点门票是旅费的主要部分，只要从这些地方找出省钱的妙招，就可以把钱花在刀刃上，玩得省钱又尽兴。

1 游新加坡怎样最省钱

交通省钱妙招

近距离以步行为主

新加坡市区内的各景点距离不远，同一区域的景点可尽量以步行方式前往，例如，从滨海湾金沙步行至鱼尾狮公园、摩天轮等地，沿途还可欣赏整个滨海湾的风景。

利用公共交通工具

市区内的景点多位于地铁站附近，利用地铁即可抵达；郊区较偏远的景点，也尽量搭乘公共交通工具前往，利用地铁衔接巴士即可到达新加坡许多偏远的地区，且转乘巴士还可享转乘优惠。

住宿省钱妙招

机+酒优惠组合

航空公司或旅行社推出的机+酒产品，往往比分开购买机票、订房还要优惠，甚至很多赠送饭店早餐、地铁票等，或提供游乐区门票、市区观光等旅游优惠，善加利用旅行社推出的优惠套装组合，是一个省钱的好方法。

平价青年旅舍

许多欧美国家的年轻人喜欢到新加坡自助旅行，是没有语言隔阂又能体验中华文化的好地方，因此新加坡拥有许多优质又平价的青年旅舍可以选择，不仅提供干净且舒适的住宿环境，且能够节省许多旅费。

淡季订房或会员订房

若想享受五星级饭店的丰富休闲设施，要挑对时间，淡季时饭店通常会打出优惠促销，此时订房的性价比就相当高，此外，许多国际连锁品牌的饭店，通常对常住会员提供优惠的会员价，不妨先加入会员后再订房，会比较划算！

休闲娱乐省钱妙招

利用优惠券网站买门票

在新加坡的优惠券网站上，也提供许多景点的门票优惠。尤其在淡季时，新加坡的游乐设施往往会祭出超值优惠，例如，景点门票的折扣、买大送小等。建议出发前可以逛逛这些优惠券网站，很容易就能买到所需景点的优惠门票。

购买景点组合套票

新加坡许多热门景点的门票常常组合成套装门票一起贩售，例如，新加坡摩天轮加上新加坡动物园的组合套票。景点组合套票往往要比个别单独购买的门票便宜，且套票里的组合景点越多价格也越划算，但购买这种组合套票前，需考量行程时间及景点的同质性，千万别贪便宜买了门票却没有时间前往。

至当地旅行社购买门票

如果需单独购买景点门票，不妨至新加坡当地的旅行社询问景点门票。通常旅行社可以拿到团体优惠的票价，因此向旅行社购买绝对比直接在景点购买票面价来得划算。新加坡牛车水附近的珍珠坊、唐城坊等大楼里都有很多旅行社，可多多询问比价。

Tip! 新加坡优惠券网站

- Groupon：http://www.groupon.com
- DEAL：http://www.deal.com.sg
- BEST BARGAIN：http://www.bestbargain.com.sg
- Juztoday：http://www.juztoday.com

饮食省钱妙招

熟食中心用餐

在新加坡一般的餐厅或酒吧消费，一餐往往动辄新币20~50元，想要省钱，就要到美食汇集的熟食中心。新加坡人所称Hawker Centre，类似香港的大排档，每餐只要新币3~5元不等。不过熟食中心大多位于室外没有空调，游客亦可选择设于购物中心内部的美食广场，每餐价格可能会稍贵一些，但较室外的熟食中心舒适且卫生。

餐厅的午餐较晚餐划算

若想试试新加坡的餐厅美食，可尽量选中午前往。大部分餐厅的午餐价格会比晚餐来的优惠，有的餐厅特别在周一至周五为上班族推出的午间套餐，往往美味又划算。

五星级饭店的自助餐

新加坡五星级饭店的自助餐非常值得尝试，虽然饭店的自助餐价格颇高，每人大约新币100~200元不等，但提供的食材也非常顶级，例如，龙虾、生蚝、鹅肝酱等，都是让你免费吃个饱，饮料方面甚至提供高级香槟，也是无限畅饮，预算充裕的情况下，饭店的自助餐也是性价比很高的选择；建议午餐时段前往会比晚餐时段划算。

利用优惠券网站买餐券

新加坡有许多的优惠券网站，提供店家以低价促销或打广告的平台，也是给消费者捡便宜的好机会，建议出发前可以逛逛网络上的优惠券。各式各样商品的店家在这个网站平台上提供超值优惠券，包括餐厅、景点门票、日常用品、美容美发等，有些店家还提供50%以上的折扣优惠。

至超市购买

在新加坡自助旅行难免需补给一些民生用品，如，瓶装水、饮料、零食或面纸等，建议前往购物中心内的超市购买，超市也是当地民众购买民生用品的地方，价格实惠又划算，尽量不要在路上或加油站的7-11便利商店购买，价格往往比在超市贵上0.5倍~1倍左右。

2 新加坡货币介绍

认识新加坡货币

新加坡币又称新币。因新加坡的法令规定严格，新币的假钞或伪钞十分少见。新币是由新加坡金融管理局发行的，可分为纸币和硬币，不过近年来新加坡大量发行塑胶钞票，纸钞在市场上的流通量已经大幅减少。目前，新加坡常见的钞票面额有10 000元、1000元、100元、50元、10元、5元、2元。其中10 000元面额的新币钞票是世界上价值最高的钞票之一，须至银行换成小钞才能在一般商店使用；硬币面额则有1元、50分、20分、10分、5分和1分硬币。其中的1分和5分硬币已经停止发行，不过市面上还能使用。

兑换新加坡币

市区的兑换所Money Exchange

新加坡除银行可换汇外，亦开放一般民营的货币兑换所。这种民营兑换所不仅不收手续费，且汇率往往比机场、饭店或银行好得很多，是当地人主要的汇兑地点。有的兑换所甚至常常大排长龙，可见该兑换所的汇率相当优惠。

樟宜机场

在新加坡樟宜机场三个航厦的入境大厅都有银行的汇兑柜台，直接用新台币即可兑换，虽不收手续费，但机场的汇率较差，若急用或兑换小额新币，直接在机场兑换即可。

当地银行

虽然当地银行也提供现钞汇兑服务，不过受限于银行的营业时间，兑换不方便且汇率也并不好。

购物中心与饭店

新加坡的购物中心和饭店服务台都有提供兑换新币的服务，但汇率也不如市区的兑换所来得好，急用时可在购物中心或饭店兑换新币。

打包行李

简单行李轻松走

自助旅行时，行李力求轻便、简单；打包行李时，掌握分层放置与分类收纳两大原则，重量较重的物品须放于最底层，避免行李放置时重心不稳；且尽量利用收纳袋，分类个别打包，不仅可清楚物品的所在位置，拿取时也较方便，且若在机场超重时，也能迅速从行李厢拿出部分行李，以减轻重量。

托运行李打包整理

1.出国前最好将盥洗用品、个人清洁保养用品等瓶瓶罐罐以小瓶分装，锁紧后收纳于具有防水功能的袋内，避免液状物质流出，且因重量较重，最好放置在行李箱的最下层位置；一般而言高级饭店都会提供盥洗用品，如牙膏、牙刷与拖鞋等。

2.手提电脑、移动电话与相机等电子用品的充电器、转换插头等电子器材，应另外收纳于具有防水功能的袋内，并置于行李箱最下层位置；一般高级饭店都备有万用转换插头供房客借用。

3.贴身内衣裤应与外穿衣物分开收纳，贴身内衣裤应折叠平整，单独置入非透明的收纳袋中，避免贴身衣物露出；夏日外穿衣物应个别卷起，层层堆叠放于行李厢内。另需准备小外套在冷气室内穿用；若出发地时间为冬季，也须记得准备回程时须穿的冬季衣物。

4.新加坡天气炎热，且午后常常下大雨，除防晒用品外，雨伞、雨衣亦须记得携带，另准备舒适的夹脚拖或凉鞋，闷热难耐时可以换穿，备用的鞋子需收纳于鞋袋中，以免弄脏其他物品；雨具、鞋子收纳时，塞在行李箱的缝隙间即可。

5.不要忘记携带个人药品，如，晕车药、肠胃药、止痛药等，以及指甲刀、针线盒、湿纸巾等各式杂物，药品与杂物应另行单独收纳于小型收纳袋中。

6.如果有酒类、果汁等大瓶液体产品需托运，须个别将酒瓶用毛巾包裹防撞，并置于防水塑胶袋内，避免瓶身打破流出；在机场托运行李时，记得请地勤人员贴上易碎的标志贴纸。

7.因新加坡旅游只需准备夏日衣物，若旅游天数不长，一个背包或中小型行李箱就足够了，若要大肆采购者，则建议使用大型行李箱，或多准备一个折叠式托运袋，以免回程时行李箱装不下。

随身物品打包整理

1.将护照与机票等重要证件用有拉链的证件袋装好，与皮夹、钱包等贵重物品一起贴身携带，避免遗失。

2.随身所携带的液体、胶状及喷雾类物品之容器大小，个别不可超过100毫升，且所有液体、胶状及喷雾类物品容器都须装入一公升以下大小的透明塑胶袋内。塑胶袋应可重复密封。

3.相机、笔记本电脑、手机等个人使用电子设备之备用锂电池，规定必须随身携带、禁止托运，且为避免短路，电池须个别贴上绝缘胶带或个别置入保护盒内。

4.冬天前往新加坡时，建议采洋葱式穿法，内穿夏季衣服、外搭冬季衣服及外套，一到新加坡后即可脱掉放到行李箱内，回程时再穿上即可。

行李重量与体积限制

1.托运行李：各航空公司的经济舱托运行李限重20公斤、商务舱限重30公斤、头等舱限重40公斤，航空公司的贵宾会员还有额外的免费托运行李重量。除重量外，每家航空公司对于行李规格的规定各有不同，一般而言，若托运行李规格特殊或太大，如，乐器、高尔夫球具等，托运前须知会航空公司；另太大或超重需额外支付费用；廉价航空无免费的托运行李，需另加价购买。

2.随身行李：随身行李的尺寸大小规定标准为56厘米×36厘米×23厘米，每件不可超过7千克，可携带件数依各航空公司规定而有所不同。

行李检查清单（◎必要，○有备无患，△视个人所需）

品项		必要度	已放入行李箱	备注
证件与贵重物品	护照	◎		有效期须6个月以上
	电子机票	○		视航空公司需求
	保险单	○		新加坡医疗费用高，建议出发前投保
	新台币现钞	◎		旅途开销，在新加坡当地可兑换新币即可
	新币现钞	○		台湾银行线上结汇较划算
	信用卡	◎		旅途大笔开销可用信用卡支付
	预约凭证	◎		线上订房确认函、游乐园门票
	其他证件	△		国际驾照、国际学生证
	证件照4张	○		备用，紧急办证
衣物	内衣裤	◎		准备足够替换的数量即可
	睡衣	△		有需要者可备
	夏季外出衣服	◎		依旅行天数准备
	薄外套	○		冷气室内备用
	袜子	◎		有需要者可备
	鞋子	◎		需舒适方便行走，可多备一双
	凉鞋或拖鞋	○		适合行走的凉鞋或拖鞋，天气炎热可穿
	室内拖鞋	○		三星级以上饭店有提供
	防晒用品（太阳眼镜、遮阳帽）	◎		中午太阳大时可使用
	塑胶袋	△		可装换洗衣物，三星级以上饭店有提供
盥洗保养用品	牙膏、牙刷、牙线	○		三星级以上饭店有提供
	沐浴乳、洗发精	○		三星级以上饭店有提供
	刮胡刀	△		视个人需求准备
	梳子	△		三星级以上饭店有提供
	防晒乳液	○		紫外线强，视需求补擦
	保养品	△		视个人需求准备
	隐形眼镜药水	△		视个人需求准备
	吹风机	△		三星级以上旅馆会提供
	面纸、湿纸巾	○		新加坡餐厅收费提供，自备可省钱
	生理用品	△		视个人需求准备
杂物	指甲刀、瑞士刀	○		备用，但记得托运
	针线包	△		三星级以上旅馆会提供
	手表	△		视个人需求准备
	文具（笔、记事本、计算机）	○		视个人需求准备
	雨具	○		雨伞及轻便型雨衣
	个人药品（晕车药、肠胃药、感冒药等）	◎		视个人需求准备
	水壶	△		视个人需求准备
	拉链塑胶袋	○		包装购买的瓶瓶罐罐
	托运行李袋	○		可装血拚的战利品
电子用品	笔记型电脑	○		视个人需求准备
	数位相机	◎		确定功能良好、记忆卡容量充足
	手机	◎		最好是可上网的智能型手机
	转换插头	◎		三星级以上旅馆可借用
	充电器、电池	◎		手机、相机或电脑的
参考资料	地图、旅游资讯	○		下飞机后可在机场索取
	联络电话	◎		中国驻新加坡办事处、航空公司、保险公司、饭店等

Tip 禁带物品

为了飞航安全，禁带的随身物品将严格管控，枪炮、炸药等爆炸物品、危险气体、易燃液体（如，酒精）等，其他有影响飞航安全之虞的物品也不可带上飞机，例如，刀具（如，瑞士刀、折叠小刀、指甲刀、剪刀）、尖锐物品类（如，棍棒、摄影机脚架或超过25厘米的相机脚架、金属游标卡尺、磁铁、锂电池电击器、医疗注射针头、金属毛线针等具有穿刺功能之器具）、运动器材（如，棒球棒、高尔夫球杆、曲棍球棍等），以及液状、胶状和喷雾物品类（如，发胶、矿泉水、罐头）等。

Chapter 3

快乐出发篇

符号代表讯息

地 地点位置　电 相关电话　时 营业时间　网 相关网址
票 参观门票　费 费用　交 交通方式　注 备注事项

出入机场

快速通关 Step by step

1 从北京首都国际机场出发

Step 1 机场报到 check-in

须于班机起飞前2小时抵达机场，在机场出境大厅的指示牌上找到所搭乘航空公司的柜台位置，再持护照前往航空公司柜台办理报到、领取登机证后完成报到手续。若不想排队报到的话，可于起飞前3~24小时内完成网上报到（online Check in），或利用航空公司柜台旁的自助报到系统免去排队等候的时间，不过若有行李需要托运，仍需在报到柜台办理行李托运。

Step 2 航空公司托运行李

以汉语拼音书写姓名、联络电话及住址于行李名牌上，在托运的行李箱外挂上行李名牌。航空公司柜台均提供行李名条，可多加利用。为避免与他人行李混淆，托运行李箱外还可贴上更明显的识别标签。行李上了输送带以后，务必确认行李已经通过X光安全检验才能离开。须注意的是，充电式的备用锂电池不可托运，须放置于电池保护盒内随身携带。

Step 3 机场安全检查

出境旅客于完成报到手续及托运行李后，须至出境登机入口进行随身行李的安全检查。旅客于检查前出示登机证和护照，并将随身携带的液体类物品（每瓶不可超过100 ml）装入透明塑胶拉链袋，手机、笔记本电脑等电子产品须与外套、随身包包分别放置于不同的篮子内通过X光安全检查仪，旅客则从旁通过金属侦测门完成检查。

Step 4 护照查验

旅客通过安全检查后，须备好护照和登机证至查验柜台排队，办理出境护照查验手续。记得查验前须将护照夹取下，以加快查验速度，待查验人员盖妥出境章后，即可前往登机口的候机室等待；若有申请自动查验通关服务者，直接拿护照至自动查验通关柜台，自行操作机器查验即可。

Step 5 等待登机

在登机前若还有时间，可至餐厅用餐、逛逛免税商店或到机场贵宾室休息，但务必在登机时间（Boarding time）之前抵达登机口，等候航空公司地勤人员的指示，进行分批登机。一般国际航线在起飞前30~50分钟开始登机，注意千万不要迟到，一旦机舱门关闭后，就无法登机了。

转机飞新加坡

1.从中国内地飞新加坡的航班，大部分都是直航飞新加坡，但国泰航空会在香港转机；搭乘国泰航空的旅客，在办理报到check in手续时，就会拿到两段航段的登机证，并将托运行李直挂到新加坡；须注意的是，后段登机证从香港飞新加坡的登机口，可能在你办理报到时还未公布，需于抵达香港机场后查询确认。

2.若旅客搭乘两家不同航空公司转机时，就先须确认托运行李是否可直挂到新加坡，以及两段航班的登机证可否在国内机场办理报到时就拿到。较麻烦的情况是国内机场只能拿到前段登机证，后段登机证须到转机机场的航空公司柜台办理后段航班的报到手续后才能拿到，须注意，办理报到手续时尚须确认托运行李会直挂到新加坡。

2 新加坡入境手续

Step 1 查验护照

入境新加坡的外国旅客须以英文填写新加坡出入境卡。旅客须备妥护照及填写完整的新加坡出入境卡，依照“Arrivals”指示前往机场大楼的入境柜台办理入境证照查验手续。中国旅客须在“All foreign visitors”柜台前排队等候证照查验；护照查验时，检查人员会询问一些问题，如，搭乘班机、来新加坡目的或预订停留天数等。新加坡出入境卡共三联，仅须填写卡片正面，卡片背面没有需要填写的栏位；卡片左边两联为入境卡，在入境柜台进行证照查验时，查验人员会收走入境卡，仅交还护照及右边一联的出境卡，务必确认护照上海关入境章的日期无误，并将出境卡仔细保管，等出境新加坡时须缴回。在飞机上空服员会先将新加坡出入境卡发给需要的旅客，建议可在飞机上先填写，有问题可请教空服员，在樟宜机场的入境大厅也有提供中文范本可以对照。

Step 2 提领行李

旅客在完成入境证照查验手续后，就前往行李领取区（Baggage Claim）等候领取托运行李；行李领取区位于一楼，介于证照查验站和海关之间，行李领取区都有手推车供旅客免费使用；通常，樟宜机场同时间会有多次航班机抵达，旅客须先查看电子显示牌上的航班行李输送资讯。万一发生行李丢失或受损情况，可前往行李领取区的失物招领柜台求助。

Step 3 海关检查

口香糖、口嚼烟草、盗版光碟、成人光碟、管制药品、炮竹烟火等，都是不得携带入境的物品。携带新币 3 万元以内之货币及烈酒、红酒或啤酒总计 3 公升内（烈酒不可超过 1 公升、红酒或啤酒各不可超过 2 公升）可免申报；无须申报者，使用绿色通道即可步出海关；如需申报物品或对需申报物品有疑问者，则需使用红色通道。详细物品数量、违禁品及管制物品，请参考新加坡海关局网站 http://www.customs.gov.sg

Step 4 前往市区

通过海关后即可抵达入境大厅，在此可兑换货币、索取旅游资料并准备搭车进入新加坡市区；在入境大厅可看到“Bus to City”、“TAXI”或是“Train to City”的标志，跟着标示方向即可找到搭车处。车程大约 30~60 分钟即可进入市区，开始美好的新加坡旅程。

3 新加坡樟宜机场出境手续

Step 1 海关退税

到了新加坡机场可别先急着托运行李，在新加坡购物有索取退税单（GST）的旅客，若购买的商品要托运的话，先依蓝色的“GST Refund”指示，找到海关退税的柜台办理退税手续，完成退税手续后就可以将商品打包至托运行李中，接着就可以前往航空公司的柜台办理报到 check in 手续。记得随身携带有海关章的退税单或电子列印的退税单据，等护照查验后就可以到离境大厅内的退税柜台领钱了。

Step 2 机场报到 check-in

新加坡樟宜机场有 3 个航厦，出发前往机场前须先确认班机航厦，并于班机起飞前 2 小时到达机场。抵达机场时，可先参考位于离境大厅入口处的航班资讯电子显示板，了解航空公司的 check in 柜台位置，备妥护照即可前往航空公司柜台办理报到 check in 手续；若已完成网上报到（online Check in）手续的旅客，最晚须于航班起飞 1 前小时抵达机场领取登机证并托运行李。

Step 3 航空公司托运行李

记得托运行李箱外挂上行李名牌及明显的识别标签，行李名牌以汉语拼音写上姓名、连络电话及住址。托运行李要注意重量，一般航空公司的经济舱规定托运行李限重 20 千克，超过 20 千克的行李，须支付额外的行李费用；随身行李重量不超过 7 千克且有大小规格限制；所有托运行李将通过机场的安全扫描，请确保未携带违禁物品。若已完成网上报到（online Check in）手续的旅客，直接到专门的柜台办理托运行李即可。

Step 4 查验护照

出境旅客于完成报到手续及托运行李后，须备好护照和登机证就可进入离境大厅，至查验柜台排队办理出境护照查验手续，待查验人员盖妥出境章后即完成查验手续。完成查验手续后，若有时间可在离境转机大厅内的免税商店逛逛，或到餐厅用餐。

Step 5 领取退税金

有在机场申请退税的旅客，在完成护照查验手续后，千万不要忘记准备好护照和退税单据，到离境转机大厅内的退税柜台（Central Refund Counter）领取退税金额。你可以选择直接领取现金或将退款汇入信用卡账户内。若在电子退税服务站（eTRS）办理退税时，选择把退款直接汇入信用卡账户里旅客，就无需在此领取退税金了，直接前往登机口准备登机即可。

Step 6

机场安检措施

出境旅客须在开始登机前抵达登机口，并准备好护照和登机证，在登机入口旁进行随身行李的X光安全检查；旅客禁止在身上、衣物或随身行李内携带任何危险品，如，小刀、指甲刀、裁纸刀、剃须刀、剪刀、螺丝锥等任何尖锐物品，随身携带的液体类物品（每瓶不可超过100 ml）装入透明塑胶拉链袋，手机、笔记本电脑等电子产品须与外套、随身包包分别放置在不同的篮子内通过X光安全检查仪，旅客则从旁通过金属侦测门完成检查。

Step 7

等待登机

完成安全检查的旅客，就可以在登机口候机室等待登机了。航空公司为避免机舱内秩序混乱及节省登机时间，通常都以分批登机方式进行；首批登机的为有幼童同行的旅客、长者旅客、头等舱或商务舱及持有该航空公司贵宾会员的旅客，接着是经济舱座位后排的旅客，最后才是经济舱前排座位的旅客。

Tip 新加坡消费退税规则

新加坡游客只要在有标示Tax Refund、Tax Free或是Euro Free Tax的商店消费单笔超过新币100元，就可以出示护照索取退税单（GST refund），记得退税单上一定要确认有店家签名才可至机场海关退税；退税单上会列出该笔消费可拿到的退税金额；虽然新加坡的商品税是7%，但还须扣除退税手续费，因此实际可拿到的退税金额大约为消费额的5%左右。

樟宜机场退税须知

在樟宜机场办理退税有两种情况：

1.退税商品进行托运

若消费时店家给的退税单是新款的电子退税单（eTRS），可在海关检查柜台的eTRS电子退税服务站操作，直接列印退税单据即可。服务站都有人员在现场指导如何操作，不过海关人员可能会抽检您的商品；若持有旧式的退税表格，则须至海关检查柜台办理人工退税。海关人员会大致检查退税商品是否和收据相符，没问题的话就会在退税单上盖章，然后至离境转机大厅内的退税柜台领取退税金额。

2.退税商品随身带上飞机

请先办理登机手续，在护照查验后前往离境大厅，在离境大厅可依蓝色的“GST Refund”指示找到海关退税的柜台办理退税手续。若持有eTRS退税票，请在海关退税柜台旁的eTRS电子退税服务站申请退税；若持有退税表格，则须前往海关检查柜台办理退税，然后至海关检查柜台旁的退税柜台领取退税金额即可。

须注意，操作eTRS电子退税机最后都会列印退税单据，需仔细看退税单据上是不是“APPROVED”，如果是“UNAPPROVED”的退税单据，就要到旁边的海关柜台走人工查验的程序，没问题的话海关就会给你一张“APPROVED”退税单据。

认识新加坡樟宜机场

媲美全方位娱乐中心的樟宜机场

1 机场概述

新加坡樟宜机场（Singapore Changi Airport），位于新加坡樟宜区，距市区17.2公里，是新加坡主要的国际机场。新加坡樟宜机场一共有5个航厦，第一航厦（T1）、第二航厦（T2）、第三航厦（T3）、第四航厦（T4）及JetQuay航厦。其中第一、第二和第三航厦取H型设计，相连在一起，旅客可搭乘机场内免费的轻轨列车Skytrain或步行方式往返第一、第二和第三航厦间。第四航厦原为经济航班航厦（Budget Terminal），现正拆除改建，预计2017年完工。JetQuay航厦位于第二航厦（T2）内，专为商务贵宾使用，设有独立的验票柜台、海关等设施。

新加坡樟宜机场数度被全球最具有公信力的航空研究认证机构——英国Skytrax顾问公司评选为“世界最佳机场”，以优质的服务及顶级的硬体设施享誉航空界。机场设计以新加坡“花园城市”为概念，处处都是绿色植物的大自然造景，在现代化的航厦间设置各式绿意盎然的主题花园，已成为樟宜机场的主要特色。此外，机场内目前有超过300间的零售商店及餐饮店，可算是一处颇具规模的shopping mall，只要在机场内消费的任何商品都可以免税，比在市区的商店购物还便宜；此外，机场更提供丰富有趣的休闲娱乐、随时随地可以上网的免费无线网络，应有尽有的各项休闲设施，难怪新加坡当地人即使不出国，平时周末也会到机场逛街购物。

樟宜机场航厦平面图

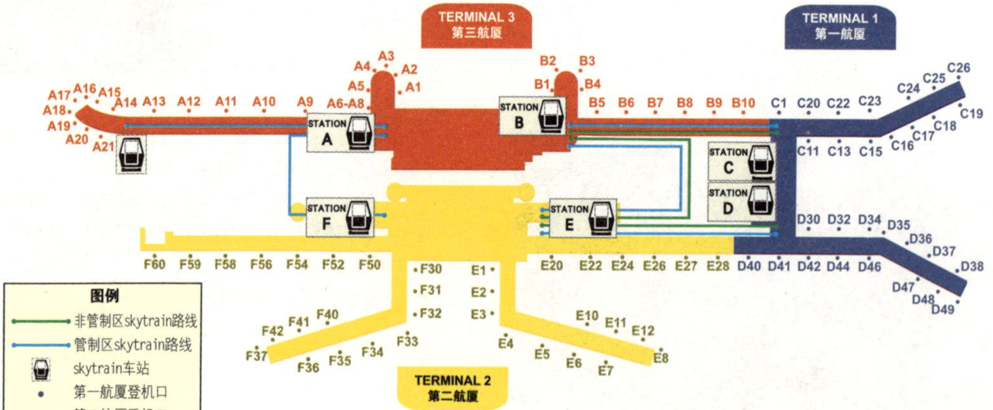

2 五大主题花园

仙人掌花园 Cactus Garden

仙人掌花园，位于第一航厦的离境转机大厅3楼，是一座景观奇异的露天热带花园。在这里能观赏到各式各样来自非洲、美洲和中亚等地的稀有仙人掌类植物。此外，花园还设计有户外吸烟区，不同于一般机场的吸烟室通常空间密闭且烟雾弥漫，旅客可以在花园里吞云吐雾，更可以到花园内的“La Cave Wine”酒吧边喝饮料、吃东西，边欣赏各种不同的热带仙人掌，犹如置身于热带沙漠之中。

梦幻花园 Enchanted Garden

2013年7月推出的“梦幻花园”，设置于机场第二航厦离境转机大厅2楼。这是樟宜机场首座结合自然、科技及艺术概念建造的主题花园。该花园以两个巨型的琉璃花束为主轴，采取互动式的造景设计，旅客只要经过红外线感应器系统，即可感应播放出虫鸣鸟叫声，周遭的人造花朵也会随之亮起并绽放。花园步道采取斜坡式设计，让人好像行走于琉璃森林中。在这里不仅可以欣赏美丽灿烂的大自然风光，更可以享受科技带来的特殊感官刺激与体验。

兰花园与锦鲤池 Orchid Garden

兰花园，位于第二航厦的离境转机大厅2楼，里面种植有各种令人眼花撩乱的温带及热带兰花，包括蜘蛛兰、蝴蝶兰，以及台湾的蛾子兰等。花园中央有一大片锦鲤池。池中投射红、黄、橙色的灯光；池上有一座弯曲的小桥横跨。走在小桥上，兰花幽香扑鼻而来，游客可在这里感受兰花园的清幽、享受喂锦鲤的乐趣。池中五颜六色的锦鲤和池面上争奇斗艳的兰花，为机场点缀出缤纷的风景，可以说是樟宜机场中的一大绝境。

向日葵花园 Sunflower Garden

向日葵花园，位于第二航厦的离境转机大厅3楼。这里不仅是一个美轮美奂的露天花园，也是个户外吸烟区，在欣赏朝气蓬勃的向日葵的同时，可以眺望机场远方，一望无际、视野辽阔。花园亦采用特殊灯光效果和照明材料，到了夜晚，即变成一个美丽奇幻的灯光主题花园，园内有营造萤火虫效果的萤火虫灯、发光的竹步道，和舒适的发光座椅，美观新颖且营造绚烂的视觉效果。（灯光启动时间：19:00至早上07:00）

蝴蝶园 Butterfly Garden

这是世界上第一座机场蝴蝶园，位于第三航厦的离境转机大厅3楼。蝴蝶园四周以玻璃围起，园内以热带花园的设计为主，6米高的瀑布造景搭配种植各种热带花卉、植物，可供蝴蝶觅食，特别是这里还有多株猪笼草之类的食虫植物。园里约有1600多种蝴蝶，以新加坡及马来西亚蝴蝶品种为主。旅客沿着步道进出，可近距离观赏蝴蝶翩翩起舞。此外，还可从透明生态箱里观赏蝴蝶由虫蛹变成蝶的转化过程，让许多到此一游的旅客大呼不可思议！

3 休闲放松在机场

转机酒店的泳池 Swimming Pool

游泳池，位于第一航厦离境转机大厅3楼的转机酒店（Transit Hotel）内。游泳池以峇里岛风格布置。在这里一边游泳一边看飞机起降，是非常特殊的体验。转机酒店的住房旅客可免费使用游泳池，单人房一个晚上房价47.08元新币起跳，而非住房旅客只要付新币13.91元就可使用，内附按摩浴缸、淋浴设施，并提供浴巾，贴心的是，吧台还提供免费的非酒精饮料。

转机酒店资讯

航厦	第一航厦	第二航厦	第三航厦
地点	离境转机大厅东侧 3 楼， 登机口 D40 和 D41 之间。	离境转机大厅南侧 3 楼， 靠近 Plaza Premium Lounge。	离境转机大厅北侧 3 楼， 靠近 Ambassador Transit Lounge。
电话	+65 6542 5538	+65 6542 5538	+65 6507 9788
费用	房价以 6 小时计（新币） **标准房型** 单人房 76.51 元 / 双人房 91.81 元 / 三人房 115.35 元，每延长 1 小时 16.48 元 **简易房型** 单人房 47.08 元，每延长 1 小时 14.12 元		
网址	http://www.airport-hotel.com.sg		

休息区 Rest Areas

樟宜机场被评为世界上最适合睡觉的机场，是有其道理的。机场内多处设置灯光昏暗的免费休息区，内部摆设多张舒适的长躺椅，供旅客在长途旅行之后可以小睡片刻，或是可以使用免费的脚底按摩机，让疲惫的双脚可以好好放松一下。若不想被打扰，还可在机场的转机酒店或贵宾室使用单人休息室，不过这样的单人休息室，可就需要付费了。

单人休息室收费标准

航厦	地点	费用（新币）
第一航厦	离境转机大厅西侧 2 楼 雨林休息厅	35.1 元（3 小时） 延长 1 小时 11.7 元
	离境转机大厅东侧 3 楼 转机酒店	41.2 元（6 小时） 延长 1 小时 13.9 元
第二航厦	离境转机大厅南侧 2 楼 转机酒店	41.2 元（6 小时） 延长 1 小时 13.9 元
第三航厦	离境转机大厅北侧 3 楼 Ambassador Transit Lounge	35.30 元（3 小时）

樟宜航空展览厅 Changi Aviation Gallery

樟宜航空展览厅，位于第二航厦和第三航厦出入境大厅的楼上，来到新加坡，须办理入境手续后才能到樟宜航空展览厅参观。在这里可以了解樟宜机场的作业情形及新加坡航空业的历史。特别是在樟宜航空展览厅的天花板上，以悬挂方式装饰600多架微型折叠飞机模型，代表每天在樟宜机场起降的飞机意象。此厅的观景台上放置有多张座椅供旅客休息。旅客坐在这里可以观看机场停机坪上的飞机，在第三航厦的樟宜航空展览厅内还可近距离欣赏到世界上最大的A380客机。

免费新加坡之旅 Free Singapore Tours

图片提供 / ohsarahrose

图片提供 / Brent 2.0

新加坡之旅（FST）是樟宜机场的超值贴心服务，针对在新加坡转机的旅客，可以免费参加游览新加坡的行程，参观时间大约2小时，因此，在新加坡停留的时间最好超过5小时。

旅游路线有2种选择：殖民地之旅和文化之旅。因为旅游路线都是需入境到市区内，所以旅客必须符合新加坡移民局规定的入境签证要求，中国旅客只要符合转机资格，携带护照就可以参加。

旅游路线及时间

- **文化之旅**

  时间：09:00、11:30、14:30、16:00

  地点：摩天轮、滨海湾花园、滨海湾金沙酒店、滨海艺术中心、鱼尾狮公园、殖民区、牛车水、小印度、商业中心。

- **殖民地之旅**

  时间：18:30

  地点：滨海湾沿岸、滨海湾金融中心、武吉士夜市与莱佛士酒店。

免费新加坡之旅讯息

航厦	第一航厦	第二航厦	第三航厦
报名地点	无报名处，需搭乘Skytrain至第二航厦。	入境大厅北侧2楼的自动扶梯旁及离境转机大厅北侧的Skytrain车站（近转机候机厅E）。	离境转机大厅北侧2楼，转机休息室B旁。
报名时间	-	07:00~15:15	07:00~15:15
注意事项	1. 需于导览开始至少1小时前到柜台报名。 2. 符合资格的乘客每次转机仅可参加一次观光之旅。 3. 全程均以英语导览。		

4 游趣玩乐在机场

电影院 Movie Theater

如果你时间够多的话，可以到机场内电影院看场免费电影，位于第二航厦离境转机大厅南侧3楼的向日葵花园旁和第三航厦离境转机大厅北侧3楼的贵宾室旁，电影院的步道设计很宽敞，可以拖着行李走进去，里面全天24小时轮流播放不同的电影，是个让旅客消磨时光的好地方。电影时刻表可上网http://www.starmoviesasia.tv查询。

娱乐区 Entertainment Dack

令人惊艳的是，机场的第二航厦离境转机大厅3楼还设置一个多媒体综合娱乐区（近向日葵花园），里面放置有充满乐趣的各种电动游乐器。Xbox360和Playstation 3在娱乐区里是最基本的设施；还有XBOX KINECT室可以享受全新的运动体验，有乒乓球、沙滩排球、田径、保龄球、拳击或足球等不同游戏可供选择；喜欢玩线上游戏的玩家也不会寂寞，娱乐区也提供多款的线上游戏对战；更厉害的是，这里还有50吋的离子电视可观看音乐频道(MTV)，高品质的乐曲可以直接传送到座位上。这么多的娱乐设施简直让机场变成了全方位的娱乐中心。

体验区 Xperience Zone

机场内大约有500多台电脑可以免费上网，还有覆盖整个机场的免费无线网络。此外，樟宜机场为了让旅客感受现代科技的无限惊喜与乐趣，还于第二航厦离境转机厅的“Lee Hwa钻石展示厅”后面设置了体验区，有以最新的尖端科技设计形成的完整的互动体验设施，在这里可以观赏3D电影、在互动墙上玩游戏，还可以通过简单的操作，搭配新加坡特色的背景范本，自制电子明信片。明信片可以Email或Facebook分享给好友，或上传到旁边的社交树（Social Tree）上，难怪很多旅客会如此惊讶樟宜机场可以这般梦幻。

溜滑梯The Slide@T3

新加坡最长的溜滑梯就在第三航厦入境大厅，全长12米，大约4层楼高的巨型溜滑梯，十分受小朋友的欢迎。旅客只要在机场消费新币10元，身高超过130厘米，就可以免费体验一次从一楼到地下3楼的高速快感。另外，未消费的旅客或身高受限的小朋友，可以在地下2楼免费试滑1.5层楼高的溜滑梯，一样非常过瘾！

DATA 时 12:00-22:30 费 溜一次新币10元，可在入境大厅一楼Information Counter购票，或在机场内单一消费满10元，持发票收据免费体验一次。

儿童乐园 Children Playground

樟宜机场里就像是小朋友的游乐天堂，吸引了许多父母带着小朋友来游玩。机场三个航厦都设有免费儿童游戏区，适合1~12岁的小朋友，里面还设有儿童蜡笔彩绘桌，可以让小朋友免费玩沙画、着色。对于想要逛街购物或参观机场的父母，机场还在第一航厦3楼的观光中心设有以森林为主题的室内游乐场（Canopy Playground），小朋友可在里面玩隧道滑梯或者在蹦蹦床上玩弹跳。

DATA 儿童乐园 址 第一航厦离境转机大厅西侧3楼、第二航厦离境转机大厅北侧2楼、三航厦离境转机大厅中央2楼及南侧2楼 时 24小时 费 免费 Canopy Playground 时 10:30~22:30 费 每半小时收费新币6元

5 购物美食在机场

樟宜机场为了吸引当地民众及外来旅客消费购物，打造了十分宽畅舒适的购物空间，走在机场内，实在无法与印象中拥挤的机场联想在一起。机场三个航厦里外都有免费的轻轨列车Skytrain可以搭乘，方便游客往来于各航厦间购物，且机场内随处可见24 小时营业的免税店。在这里可以找到许多国际精品名牌、知名酒类产品、顶级美容保养商品、最新电子3C产品及时尚名表。免税店内任何商品的订价都直接免税7%，因此，在机场购物绝对比在市区购买还便宜。说樟宜机场是24小时的免税购物天堂一点都不为过。更棒的是，机场的免税店还会经常推出诱人限量产品，让游客不想掏钱出来都很困难；甚至在特别的节日不定期推出优惠促销活动。您可能一不小心就中了樟宜机场的百万奖金，变成百万富翁！

除时尚精致的免税商品外，机场内还可品尝及购买当地的特色美食，例如，美珍香肉干、Bengawan Solo的娘惹糕、黄梨塔（凤梨酥）、千层糕、花生酥、小虾卷等，或是到地下楼层的FairPrice超市采购，如，新加坡百胜厨泡面、辣椒螃蟹酱料、海南鸡酱料、咖哩酱料等。但采买时须注意入境中国的动植物及其产品检疫规定，以免触法。

新加坡机场对外交通

四通八达直奔市区

樟宜国际机场→新加坡市区

地铁 MRT

新加坡的地铁非常便捷。樟宜机场的地铁站位在第二和第三航厦地下楼层，如果入境在第一航厦的话，就要先搭乘机场免费的轻轨列车 Skytrain 至第二和第三航厦才能前往樟宜机场地铁站（Changi Airport, CG2）。由樟宜机场乘坐地铁到市区单程票大约新币 2 元左右，另需付押金新币 0.1 元，押金使用后可退还；到市区所需的时间大约 30 分钟。地铁站设有专人服务的窗口及自动售票机。售票机上提供英文、中文、马来文和印度文四种语言服务，就算英文不好也可以放心地操作使用。机场的地铁列车是樟宜机场站至丹那美拉站（Tanah Merah, EW4）的区间车，因此搭乘地铁从樟宜机场到市区须记得在丹那美拉站换乘开往市区方向的列车。更多地铁资讯请详参当地交通工具。

樟宜机场地铁站时刻表

班别	出发时间	
首班车	周一至周六	05:31
	周日及节假日	05:59
末班车	每日	23:18

计程车 Taxi

若抵达机场的时间太晚或不想受到等车时间的限制，搭 Taxi 是安全又便捷的工具，到市区所需时间大约 30 分钟。在樟宜机场的第一、第二和第三航厦入境大厅都设有 Taxi 停靠点，依不同时段和不同车种，往市区的车资大约新币 18~38 元之间；不过，从机场出发需另支付新币 3~5 元的机场费用，夜间亦需多付总费用 50% 的夜间加成。在机场的 Taxi 停靠点都有服务员指挥并维持秩序，想要经济实惠的车款，记得向服务员要求 Regular Taxi（大部分为蓝色、红色或黄色的车身），若运气好的话，可能会搭到宾士（白色车身）或克莱斯勒（黑色车身）却只收 Regular Taxi 的车资。更多 Taxi 资讯请详参当地交通工具。

Taxi费用表（单位：新币，已含机场费用）

Taxi 车款	离峰时间	尖峰时间
	周一至周五 09:30-18:00 ／周六、日 06:00-18:00	其他时段
Regular Taxi （普通）	23 ~ 26 元	28 ~ 34 元
宾士 / 七人座小巴	24 ~ 33 元	29 ~ 45 元
克莱斯勒 / Vellfire	33 ~ 36 元	40 ~ 49 元

公共巴士 Bus

机场的第一、第二和第三航厦地下楼层均设有巴士站。机场的巴士大部分都开往新加坡中区或北区，如，宏茂桥（Ang Mo Kio）、兀兰（Woodlands）或榜鹅（Punggol）。其中36号巴士路线可开往市区的乌节路，沿途经过市区多家饭店及地铁站。其首发车时间为早上06:00，末班车时间为晚间24:00，从机场到乌节路地铁站单程票价大约只要新币2元以内，所需时间约为1小时；需注意的是，巴士车上不找零，所以上车前需备好零钱，或先至樟宜机场地铁站购买感应式IC卡ez-link Card或新加坡游客通行卡，不仅使用起来轻松方便，也省去每次排队购票的麻烦。更多详细票价及公共巴士资讯请参考当地交通工具。

Tip 关于 ez-link Card

1.购买ez-link Card或新加坡游客通行卡，须至第二和第三航厦地下楼层樟宜机场地铁站的Ticket Office。其营业时间为每日08:00~15:45及16:45~21:00。

2.ez-link Card卡片费用新币15元包含成本费5元（不退还）、押金3元及储值车资7元；新加坡游客通行卡可无限次搭乘，分1日票新币10元、2日票新币16元及3日票新币20元，购买时每张需另收押金新币10元。押金使用结束后可至Ticket Office退还。

机场巴士 Airport Shuttle

若不想花大钱搭Taxi，但搭巴士又有下错站的风险，这时候机场巴士就是既便宜又方便的替代交通工具了，路线将会到达市区内大部分的饭店门口。机场巴士是24小时服务的；车次间隔约15~30分钟；成人票价新币9元、12岁以下儿童新币6元。机场内第一、第二和第三航厦入境大厅都设有机场巴士服务台（Ground Transport Desk），出海关后只要到服务台缴纳车资并告知下榻饭店，服务人员便会给一张蓝色辨识贴纸，凭这张贴纸就可以搭上车了，简单便利又省钱。

免费接驳巴士 Free Shuttle Bus

如果下榻地点在新加坡北区或机场附近的话，那可要好好利用樟宜机场的免费接驳巴士了。机场提供3条路线的免费接驳巴士，往勿洛地铁站（Bedok, EW5）、盛港地铁站（Sengkang, NE16）及樟宜商业圈，搭乘地点在第三航厦入境大厅地下2楼的巴士站。须注意的是往勿洛地铁站及盛港地铁站的巴士仅周末及国定假日行驶，而往樟宜商业圈的巴士则于非假日行驶。

免费接驳巴士资讯

免费接驳巴士	营运时间	停靠站
勿洛地铁站（Bedok, EW5）	周末及国定假日行驶 11:45~22:15	第三航厦 ←→ 勿洛地铁站
盛港地铁站（Sengkang, NE16）	周末及国定假日行驶 11:30~22:00	第三航厦 ←→ 盛港地铁站
樟宜商业圈	非假日行驶 11:45~14:00	第三航厦 → IBM 大楼 → Honeywell 大楼 → 樟宜商业圈（Changi Business Park 3 Building）→ Hansa Point 大楼 → 渣打银行大楼（Standard Chartered Building）→ Plaza 8 Building → 星展银行大楼（DBS Building）→ 第三航厦

机场主要对外交通工具一览表

交通工具	搭乘地点	营业时间	至市区所需时间	费用（新币）
地铁	第二、第三航厦地下楼层	05:26~23:18	30 分钟	2 ~ 2.5 元
Taxi	第一、第二跟第三航厦入境大厅	24 小时	30 分钟	23 ~ 49 元
公共巴士	第一、第二跟第三航厦巴士站	06:00~24:00	1 小时	1.8 ~ 2 元
机场巴士	第一、第二跟第三航厦入境大厅	24 小时	30~40 分钟	成人 9 元、儿童 6 元
免费接驳巴士	第三航厦巴士站	参考时间表	非市区，视地点而定	免费

新加坡当地交通工具

善用交通工具趴趴走

市区交通工具

众所皆知，新加坡是一个城市大小般的国家。因此新加坡各景点之间的距离都不会太远，加上交通工具非常发达，只要利用便捷的交通工具，就可以轻松地玩遍新加坡。公共交通工具以车次频繁的地铁及巴士为主。新加坡地铁紧密联结市中心热闹繁华的地区及新兴住宅区，而巴士则可深入偏远的海岸沿线及水库保护区；此外，想要机动性高的交通工具，就非计程车莫属了，或者也可以租辆自行车，只要注意安全就可以上路了！

1 地铁（Mass Rapid Transportation, MRT）

新加坡的地铁遍及整个新加坡，想要轻松且迅速地到达目的地，搭地铁就没错了。新加坡地铁系统目前营运有4条主线，第5条主线“滨海市区线”于2013年底通车滨海区6站，另外一些新兴住宅区甚至有轻轨线（LRT）。每条主线以不同颜色区分、每个地铁站也有编号，如，乌节路（Orchard）的地铁站编号就是NS22，让不谙英文的旅客也可利用地铁轻松游遍新加坡。地铁服务时间为每日05:30至凌晨12:30，平均每2~8分钟就有一班地铁列车服务。详细地铁服务时刻表及车资请上网查询http://www.smrt.com.sg/。

新加坡主要地铁路线

地铁主线	起迄站	代表色
东西线（East West Line）	东起巴西立（Pasir Ris）站，西抵裕群（Joo Koon）站，沿线共35个地铁站。欲前往机场者必须在丹那美拉（Tanah Merah）站下车，转搭樟宜机场支线（Changi Airport Extension）可直达樟宜机场（Changi Airport）站。	绿色
南北线（North South Line）	北起裕廊东（Jurong East）站，南抵滨海湾（Marina Bay）站，沿线共25个地铁站。从蔡厝港（Choa Chu Kang）站筑有Bukit Panjang LRT，可深入武吉知马一带的住宅区。	红色
东北线（North-East Line）	西南起自港湾（Harbour Front）站，东北抵达榜鹅（Punggol）站，全长20公里，沿线共16个地铁站。从盛港（Sengkang）站及榜鹅（Punggol）站均筑有LRT，可深入邻近住宅区。	紫色
环状线（Circle Line）	从多美歌（Dhoby Ghaut）站往新加坡中部呈环形开筑，最终抵达南部的港湾（HarbourFront）站，沿线共31个地铁站。为了让环状网络更加完整，新加坡陆路交通局从环线的宝门廊（Promenade）站另筑一条环线支线（Circle Line Extension），延伸至滨海湾（Marina Bay）站。	橘黄色
滨海市区线（Downtown Line）	东起博览（Expo）站，北抵武吉班让（Bukit Panjang）站，规划共35个地铁站，预计2017年全线通车，连结已通车的4条主线。目前仅武起士（Bugis）、宝门廊（Promenade）、海湾舫（Bayfront）、市中心（Downtown）、直落亚逸（Telok Ayer）和牛车水（Chinatown）6站通车。	蓝色

新加坡地铁线全图

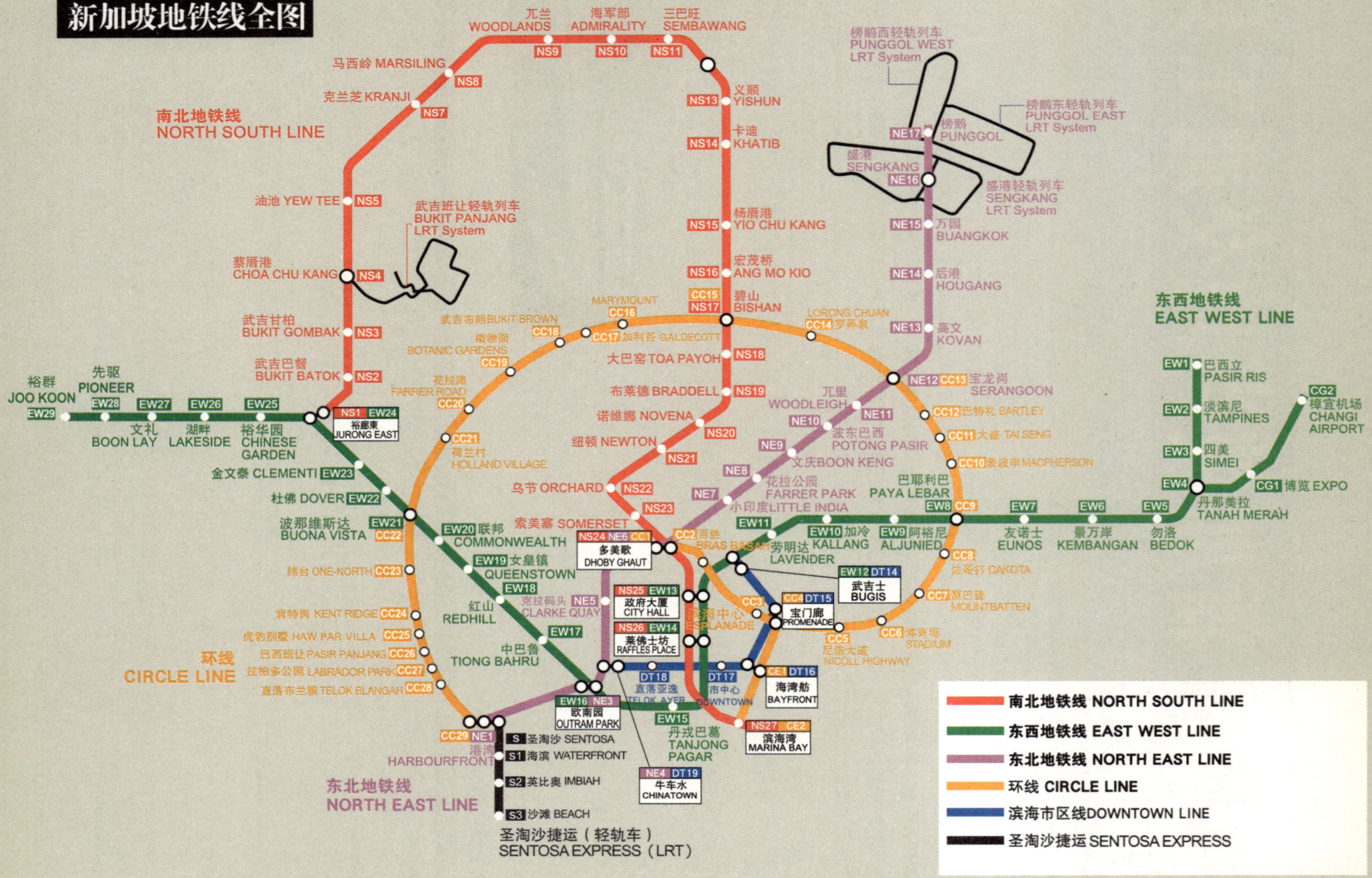
南北地铁线
NORTH SOUTH LINE
东西地铁线
EAST WEST LINE
东北地铁线
NORTH EAST LINE
环线
CIRCLE LINE
圣淘沙捷运（轻轨车）
SENTOSA EXPRESS（LRT）
NS1 EW24 裕廊東 JURONG EAST
NS2 武吉巴督 BUKIT BATOK
NS3 武吉甘柏 BUKIT GOMBAK
NS4 蔡厝港 CHOA CHU KANG
NS5 油池 YEW TEE
NS7 克兰芝 KRANJI
NS8 马西岭 MARSILING
NS9 兀兰 WOODLANDS
NS10 海军部 ADMIRALITY
NS11 三巴旺 SEMBAWANG
NS13 义顺 YISHUN
NS14 卡迪 KHATIB
NS15 杨厝港 YIO CHU KANG
NS16 宏茂桥 ANG MO KIO
CC15 NS17 碧山 BISHAN
NS18 大巴窑 TOA PAYOH
NS19 布莱德 BRADDELL
NS20 诺维娜 NOVENA
NS21 纽顿 NEWTON
NS22 乌节 ORCHARD
NS23 索美塞 SOMERSET
NS24 NE6 CC1 多美歌 DHOBY GHAUT
NS25 EW13 政府大厦 CITY HALL
NS26 EW14 莱佛士坊 RAFFLES PLACE
NS27 CE2 滨海湾 MARINA BAY
武吉班让轻轨列车
BUKIT PANJANG
LRT System
EW29 裕群 JOO KOON
EW28 先驱 PIONEER
EW27 文礼 BOON LAY
EW26 湖畔 LAKESIDE
EW25 裕华园 CHINESE GARDEN
EW23 金文泰 CLEMENTI
EW22 杜佛 DOVER
EW21 CC22 波那维斯达 BUONA VISTA
EW20 联邦 COMMONWEALTH
EW19 女皇镇 QUEENSTOWN
EW18 红山 REDHILL
EW17 中巴鲁 TIONG BAHRU
EW16 NE3 欧南园 OUTRAM PARK
EW15 丹戎巴葛 TANJONG PAGAR
EW12 DT14 武吉士 BUGIS
EW11 劳明达 LAVENDER
EW10 加冷 KALLANG
EW9 阿裕尼 ALJUNIED
EW8 CC9 巴耶利巴 PAYA LEBAR
EW7 友诺士 EUNOS
EW6 景万岸 KEMBANGAN
EW5 勿洛 BEDOK
EW4 丹那美拉 TANAH MERAH
EW3 四美 SIMEI
EW2 淡滨尼 TAMPINES
EW1 巴西立 PASIR RIS
CG1 博览 EXPO
CG2 樟宜机场 CHANGI AIRPORT
CC29 NE1 港湾 HARBOURFRONT
NE4 DT19 牛车水 CHINATOWN
NE5 克拉码头 CLARKE QUAY
NE7 小印度 LITTLE INDIA
NE8 花拉公园 FARRER PARK
NE9 文庆 BOON KENG
NE10 波东巴西 POTONG PASIR
NE11 兀里 WOODLEIGH
NE12 CC13 实龙岗 SERANGOON
NE13 高文 KOVAN
NE14 后港 HOUGANG
NE15 万国 BUANGKOK
NE16 盛港 SENGKANG
NE17 榜鹅 PUNGGOL
榜鹅西轻轨列车
PUNGGOL WEST
LRT System
榜鹅东轻轨列车
PUNGGOL EAST
LRT System
盛港轻轨列车
SENGKANG
LRT System
CC2 百胜 BRAS BASAH
CC3 滨海中心 ESPLANADE
CC4 DT15 宝门廊 PROMENADE
CC5 尼诰大道 NICOLL HIGHWAY
CC6 体育场 STADIUM
CC7 蒙巴登 MOUNTBATTEN
CC8 达科打 DAKOTA
CC10 麦波申 MACPHERSON
CC11 大成 TAI SENG
CC12 巴特礼 BARTLEY
CC14 罗弄泉 LORONG CHUAN
CC16 MARYMOUNT
CC17 加利谷 CALDECOTT
CC18 武吉布朗 BUKIT BROWN
CC19 植物园 BOTANIC GARDENS
CC20 花拉路 FARRER ROAD
CC21 荷兰村 HOLLAND VILLAGE
CC23 纬台 ONE-NORTH
CC24 肯特岗 KENT RIDGE
CC25 虎豹别墅 HAW PAR VILLA
CC26 巴西班让 PASIR PANJANG
CC27 拉柏多公园 LABRADOR PARK
CC28 直落布兰雅 TELOK BLANGAH
CE1 DT16 海湾舫 BAYFRONT
DT17 市中心 DOWNTOWN
DT18 直落亚逸 TELOK AYER
S 圣淘沙 SENTOSA
S1 海滨 WATERFRONT
S2 英比奥 IMBIAH
S3 沙滩 BEACH
南北地铁线 NORTH SOUTH LINE
东西地铁线 EAST WEST LINE
东北地铁线 NORTH EAST LINE
环线 CIRCLE LINE
滨海市区线DOWNTOWN LINE
圣淘沙捷运 SENTOSA EXPRESS

地铁票价与各种交通卡

普通车票（Standard Ticket）

若在新加坡跑的景点不多时，购买Standard Ticket是最划算的选择了。在任何地铁站的自动售票机（Ticketing Machine）均可购买，Standard Ticket是没有折扣的标准票价，以距离长短计算，单程大约在新币2元上下，最多不会超过新币2.5元。不过，须注意的是Standard Ticket不能在巴士（BUS）上使用，另外有时遇到地铁站的自动售票机大排长龙，这时候每次都需加值的Standard Ticket就显得很不方便了！

· Standard Ticket 使用规则

每张票卡使用期限自购票日起30日内可以加值6次，加值满6次或30日后就自动失效，需要再购买新的票卡才能使用。每张票卡前2次加值时，每次需多付新币0.1元的押金，第3次起加值时自动退还新币0.1元的押金，第6次加值可享有新币0.1元的折扣优惠。

· 购票步骤

Step 1 在自动售票机上选“中文”

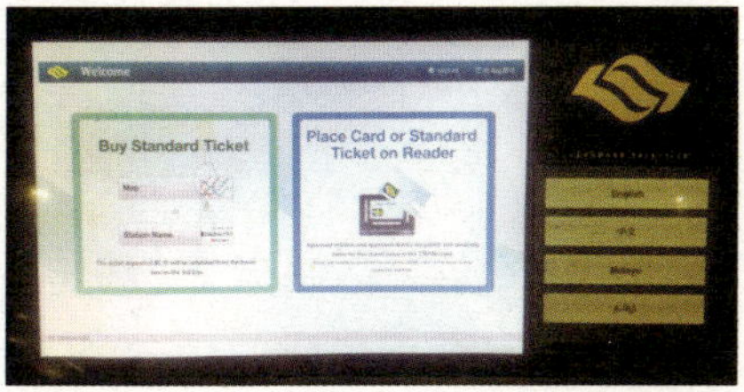

Step 2 在“购买普通车票”的画面上点选“地图”或“地铁站名称”。

Step 3 选画面上目的地的地铁站

Step 4 选择购买的张数后，支付画面所显示的金额

Step 5 取回零钱和 Standard Ticket

· 加值步骤

第2次至第6次使用普通车票时，请重复Step1，在Step2将手上的普通车票拿到“将卡或普通车票放置在读卡器上”（Place Card or Standard Ticket on Reader）选项上感应，萤幕会出现“选择车卡项目”（Select Card Options），点选“添加储值”（Add Value），再继续Step 3~5即可。

易通卡（ez-link Card）

ez-link Card是新加坡当地居民使用最普遍的感应式IC卡，ez-link Card购票需至地铁站的旅客服务处（Passenger Service Centres）或通联售票处（Transitlink Ticket Offices），购票金额新币15元，包含不退还的卡片成本费5元、押金3元及储值车资7元，当储值金额低于押金3元时，就须至自动售票机加值，每次储值至少10元。使用ez-link Card可搭乘公共巴士（BUS）、地铁（MRT）及轻轨列车（LRT），且可享标准票价的八折优惠，转乘公车亦有转乘优惠，并可在设有ez-link Card的商店做小额消费。

新加坡游客通行卡（Singapore Tourist Pass）

专门为游客设计的新加坡游客通行卡，分1日、2日及3日票。游客可利用通行卡无限次搭乘公共巴士（BUS）、地铁（MRT）及轻轨列车（LRT）。通行卡购票及退票须至指定的地铁站通联售票处，票价分别为新币10、16、20元（每张需另收押金新币10元），购票后5日内至通联售票处办理退票就可退还押金。另须注意的是，因通行卡的票价是无法退还的，最好确定旅游日数来购买所需的通行卡。

通行卡亦可当作易通卡使用，假设在新加坡旅游5日，购买通行卡3日票，第4日及第5日只要在地铁站任一售票机、通联售票处或旅客服务处加值，均可搭乘公共巴士、地铁及轻轨列车，也可以在设有易通卡的商店消费。

·通联售票处（Transitlink Ticket Offices）营业时间及地点

Ticket Office 地铁站	营业时间
樟宜机场（Changi Airport, CG2）	08:00~15:45、16:45~21:00
乌节（Orchard, NS22 ）	08:00~21:00
牛车水（Chinatown, NE4）	08:00~15:45、16:45~21:00
政府大厦（City hall, NS25/EW13）	09:00~21:00
莱佛士坊（Raffles Place, NS26/EW14）	周一至周五 08:00~21:00、周六 08:00~17:00、周日及公共假日休息
宏茂桥（Ang Mo Kio, NS16）	08:00~21:00
港湾（HarbourFront, NE1）	10:00~21:00
武吉士（Bugis, EW12）	10:00~21:00
劳明达（Lavender, EW11）	12:00~15:45、16:45~19:30，公共假日休息

新加坡趴趴走，买哪种票较适当？（新币）

种类	ez-link Card	新加坡游客通行卡 Singapore Tourist Pass	普通车票 standard ticket
购票地点	旅客服务处、指定地铁站的通联售票处	指定地铁站的通联售票处	地铁站内售票机
适用交通工具	巴士、地铁及轻轨列车		地铁及轻轨列车
押金	3 元	10 元	前 2 次加值每次 0.1 元
票价	第一次购票 15 元，每次加值至少 10 元	1 日票 10 元、2 日票 16 元、3 日 20 元	单程计价，视距离而定，大约 2 元
有效期限	5 年	5 日	6 次 30 日
押金退还	旅客服务处、指定地铁站的通联售票处	指定地铁站的通联售票处	第 3 次后加值时自动退还
优点	票价折扣可在商店消费	期限内无限次搭乘不需常常加值	押金少，视行程购票较弹性
缺点	无法退还票卡成本费 5 元 每次需至少加值 10 元	票价高，每日需跑很多点才划算	每次使用都需至售票机加值 无法在巴士上使用

2 公共巴士

SBS Transit和SMRT Bus，是新加坡的两大公共运输机构，均有提供公共巴士服务，路线遍及整个新加坡岛，甚至马来西亚柔佛新山市都可看到新加坡巴士的踪迹；特别是在这里还可搭到双层巴士。在新加坡自助旅行，利用地铁及巴士，几乎就可以轻松地玩遍新加坡。

新加坡2家公共巴士

巴士公司	简介	电话	网址
SBS Transit	于1978年由三间私营巴士公司合并而成，提供新加坡75%的巴士服务。	+65 6284 8866	http://www.sbstransit.com.sg
SMRT Bus	新加坡第二大巴士公司，提供100多条巴士路线服务。	+65 6556 3490	http://www.smrt.com.sg

搭乘原则

乘客搭乘巴士时须遵守“前门上车、后门下车”的搭乘原则，唯一不足是巴士上不会有到站提示，不易判断该下车的目的地，建议可先安装具有导航功能的APP或上车时请司机提醒协助。公车路线及票价可上网参考http://www.smrt.com.sg。

票价及付费方式

新加坡每个巴士站都有每路巴士的行车路线及票价表，只要能在路线图内找到目的地站名，站名左边的数字即表示距离（km），再对照票价表上Distance travel（km），即可找到对应的票价。票价表上方“Card Fare for Basic Service”表示以ez-link card支付的票价；票价表下方“Cash Fare for Basic Service”表示以现金支付的票价。

在票价表上可看到票价分为空调巴士（Air-Con）及非空调巴士（Non Air-Con）两种，不过非空调巴士已经非常少了。非空调巴士预计在2013年底全部退役，建议查询票价时以空调巴士票价为主。

两家巴士公司计费方式相同，以距离计算，一般公车大约新币0.8~2元，有行经高速公路的Express Bus较贵，最多也只要新币2.6元。

1.自动投币

新加坡巴士采取自动投币，不找零，乘客上车前需自备零钱，上车前可利用巴士站里的路线图及票价表先查好票价，或上车询问司机。

2.ez-link card或新加坡游客通行卡

以ez-link card卡或新加坡游客通行卡付巴士费不仅方便且较便宜，乘客只要轻松对着感应机“哔”一声即可上车，记得下车时亦须做同样的动作才会完成自动扣款。

Tip! 公共交通 APP

“SMRTConnect”新加坡地铁的主要营运公司SMRT推出的公共交通APP，通过定位系统，可以知道所在地有哪些可搭乘的巴士和地铁，还可知道巴士、地铁要多久才会到站，不过只限SMRT营运的路线。

3 计程车（Taxi）

新加坡很多家计程车公司提供服务。每家公司的普通计程车颜色不同，最常见的有蓝色车身的comfort公司、黄色车身的CityCab公司及红色车身的Trans-cab公司等，另外还有不同等级车款的豪华计程车服务，豪华计程车主要以车款区分，有白色或银色的宾士车款及黑色的克莱斯勒车款。

在新加坡搭乘计程车方式很简单，在路边拦车即可，须注意的是，若在新加坡市中心的商业区，则必须在大楼的计程车停靠站（taxi stand）才可搭车。

新加坡计程车公司

计程车公司	普通计程车颜色	客户服务电话
Comfort Taxi	蓝色	+65 6552 1111
CityCab	黄色	+65 6552 1111
Trans-cab	红色	+65 6555 3333
SMRT Taxis	白色	+65 6555 8888
Premier Taxis	银色	+65 6363 6888
Prime Taxi	银橘色	+65 6778 0808
Yellow-Top Taxi	黄黑相间	+65 6293 5545

注：若人数较多可以直接向计程车公司预约7人座小巴（Maxi Cab）的机场接送或包车服务，机场接送大约新币55~65元；包车服务至少2个小时，每小时新币55元。

收费方式

每家公司的普通计程车费率都一样，收费方式除按里程跳表的基本费用外，须再加上附加费。附加费种类很多，例如，在市区上车需多付新币3元的市区加成、用电话或网上预约订车需多付新币2.3~8元的预订费用；一般来说，在市区范围内搭普通计程车总车资大约要新币10元。另以信用卡支付计程车车资，须另加10%的手续费。

计程车车资主要依车款区分普通计程车与豪华计程车。豪华计程车的基本费率比普通计程车来得高，且新加坡计程车没有统一的颜色，容易混淆，因此可在上车前询问司机是不是regular taxi，以免多花冤枉钱。

Tip! 预约订车

在新加坡交通繁忙的时段或较偏远的地方，想搭个计程车其实并不是容易的事，尤其下雨天更可看到计程车招呼站大排长龙，难怪预约订车还要多付2.3元。预约订车可通过电话、网路及手机APP。手机APP“Taxi Booking”可预约新加坡Comfort Taxi和CityCab两家的计程车，还可追踪预约车辆的所在位置。

新加坡计程车基本车资（新币）

基本费率	普通计程车	豪华计程车
起跳里程 1 公里以内	3.00 ~ 3.40 元	3.9 ~ 5 元
每 0.4 公里，不足者按 0.4 公里计费（10 公里以内）	0.22 元	0.22 ~ 0.33 元
每增加 0.35 公里，不足者按 0.35 公里计费（10 公里以上）	0.20 元	0.22 ~ 0.33 元
延滞计时每 45 秒或不足者按 45 秒计费	0.20 元	0.22 ~ 0.33 元

新加坡计程车附加费种类（新币）

附加费种类	条件		附加费
夜间加成	每日凌晨 24:00~05:59		50%
尖峰加成	周一至周五 06:00~09:30		25%
	每日 18:00~24:00		
市区加价	中央商务区		3 元
特殊地点加价	樟宜机场及樟宜航空货运中心	周五至周日 17:00~24:00	5 元
		其他时段	3 元
	滨海湾金沙酒店	周日及国定假日 06:00~16:59	3 元
	圣淘沙		3 元
	新加坡博览中心		2 元
预约订车	周一至周五 06:00~09:30		3.3 元
	每日 18:00~24:00		
	一般订车		2.3 元
	指定时间		8 元

注：若行驶路径经过电子道路收费系统（ERP），需由乘客负担ERP过路费。

4 自行车

自行车在新加坡近年来颇为风行。新加坡政府在特定区域，如圣陶沙、东海岸规划自行车道；在市区方面，虽然没有自行车专用道，但新加坡市区规划十分良善，市民的行车礼仪也非常良好，加上新加坡天气宜人，市区景点距离刚好适合骑自行车，因此除高速公路外，在市区骑自行车是很安全的。在市区的自行车店有提供按天数和按小时计费的租车服务，每小时费用大约新币8~10元、每天费用大约新币60~70元。若不想自己安排行程，甚至还可参加新加坡当地自行车旅游团。

图片提供／weegolo

自行车	Druthers Biking	WSS Bicycle Rental
费用	前 2 小时每小时 10 元 第 3 小时以后每小时 8 元 24 小时 70 元	每小时 8 元 24 小时 60 元
电话	+65 9224 6265	+65 8246 7971
取车地址	82 Boat Quay, Singapore 049870	No.55 Bussorah Street, Singapore 199471
网址	http://www.druthers.sg	http://twowheelsz.wix.com/wss-bicyclerental

对外交通工具

新加坡位于马来半岛的最南端，邻近马来西亚、印尼，北边有跨海大桥横跨柔佛海峡与马来西亚的新山市（Johor Bahru）相连，短程往来马来西亚的主要方式是通过便捷的陆路交通，包括巴士、租车或计程车等；而印尼民丹岛（Pinang）、巴淡岛（Batam）等邻近小岛则有班次频繁的渡轮接驳，本篇主要介绍2小时以内的短程对外交通，长途交通建议以搭乘飞机为主。

1 开往马来西亚的巴士

新加坡邻近马来西亚柔佛新山市（Johor Bahru），因此利用巴士来做为往来马来西亚的交通工具是既快速又便宜。许多人更是每天往返这两个城市之间的通勤族。在新加坡市区武吉士的奎因街（Queen Street）巴士站，可搭乘直达巴士站马来西亚Causeway Link的CW2及新加坡星柔快车前往柔佛新山市（Johor Bahru），星柔快车可提供开往马来西亚其他城市，如马六甲与吉隆坡等车次的服务。若赶时间的话，武吉士的奎因街也有开往马来西亚新山市区的排班计程车，过检查站时可直接在计程车里办理护照查验手续，不用像搭巴士那样反覆上下车。

搭巴士出境流程

刷ez-link Card或投现搭上巴士→在新加坡兀兰检查站下车，办理出境手续→出境后到候车月台继续搭同号巴士→巴士行经公海后，在马来西亚检查站下车，办理入境手续→过了马来西亚检查站后，可选择步行5分钟或继续搭同号巴士进入柔佛新山市区。

Tip 购票须知

搭巴士前往可用现金向司机购票，并保留车票于每次上车时出示；使用ez-link Card则每次上下车均需刷卡。除在市区武吉士的奎因街可搭巴士外，也可先搭地铁至靠近兀兰海关检查站的克兰芝地铁站（NS7）或兀兰地铁站（NS9）转乘巴士，既省时又享转乘优惠。

新加坡开往马来西亚柔佛新山（Johor Bahru）巴士的行驶路线

巴士	行驶路线（仅列主要停靠站）	票价（新币）	预估时间
SBS Bus 170	新加坡奎因街巴士站→小印度地铁站（NE7）→纽顿地铁站（NS21）→十里广场轻轨站（BP14）→克兰芝地铁站（NS7）→新加坡兀兰海关检查站→马来西亚柔佛新山海关检查站→马来西亚Larkin巴士站。	1.9元	70分钟
SBS Bus 160	裕廊东地铁站（NS1/EW24）→克兰芝地铁站（NS7）→新加坡兀兰海关检查站→马来西亚柔佛新山海关检查站→马来西亚Larkin巴士站。	1.9元	60分钟
SMRT Bus 950	兀兰地铁站（NS9）→马西岭地铁站（NS8）→新加坡兀兰海关检查站→马来西亚柔佛新山海关检查站→马来西亚Kotaraya巴士站。	1.3元	30分钟
CW1 Causeway Link	克兰芝地铁站（NS7）→新加坡兀兰海关检查站→马来西亚柔佛新山海关检查站→马来西亚Kotaraya巴士站→马来西亚Larkin巴士站。	1.3元	30分钟
CW2 Causeway Link（直达车）	新加坡奎因街巴士站→新加坡兀兰海关检查站→马来西亚柔佛新山海关检查站→马来西亚Larkin巴士站。	2.4元	40分钟
Singapore-Johor Express（直达车）	新加坡奎因街巴士站→新加坡兀兰海关检查站→马来西亚柔佛新山海关检查站→马来西亚Larkin巴士站。	2.4元	40分钟

2 火车

图片提供 / My Train Pix

新加坡开往马来西亚的主要交通工具为巴士，但也可利用火车前往马来西亚。新加坡唯一的火车站是位于新加坡北区的兀兰火车站（Woodlands Train Checkpoint）。从这里可以搭火车前往马来西亚。火车站由新加坡移民局、关卡局和马来亚铁道公司（KTMB）共同拥有，营运公司则是马来亚铁道公司。该火车站最大的亮点是有“欧洲东方快车的亚洲版”之称的亚洲东方快车。这列浪漫豪华的火车跨越整个新加坡、马来半岛与泰国曼谷，路线全长约1700公里。其设备和服务完全参照五星级酒店标准，每月约有1~3班列车从新加坡出发，三天两夜后抵达泰国曼谷，行程提供令人难忘的美味餐饮与超乎预期的精致服务，相关行程资讯请上网参考https://www.orient-express.com。一般KTMB经营的火车从新加坡兀兰—马来西亚柔佛新山市最便宜的票价为新币11元、至吉隆坡票价为新币68元，通过他们的官方网站可以查询时刻表和订购火车票（KTMB官网http://www.ktmb.com.my）。

搭火车出境流程

于售票柜台购买火车票→在新加坡兀兰海关检查站办理出境手续→到月台搭火车→火车行驶5分钟后停在马来西亚柔佛新山市（JB SENTRAL），海关人员会上来检查护照（入境手续）→火车继续行驶至目的地下车。

Tip 购票须知

从新加坡出发的车票都比较贵，例如，往吉隆坡去回程的票价相同，去程在新加坡买票以新币 68 元支付、回程在马来西亚买票则以马币 68 元支付（1 新币约 2.4 马币），因此建议可以先坐公交车到马来西亚的 Johor Bahru 换乘火车，票价会比在新加坡购买便宜一半。

3 租车

新加坡和马来西亚的驾驶座位在右边，与中国相反，对于习惯左驾的中国人而言，租车自驾刚开始会不太习惯。一般来说，新加坡地小人稠，加上公共交通工具十分便捷，在新加坡以租车作为交通工具的费用相对较高，租车费用因旅游淡旺季、时间长短与是否原地还车而不同，含保险费每日约新币100~240元，若租车自行前往马来西亚，在马来西亚的天数每日另加新币40元、若想在马来西亚还车则另加新币300元。租车地点在樟宜机场每个航厦的入境大厅都有租车公司设置的服务柜台，市区则在Havelock Road的Waterfront Plaza内有租车公司的服务柜台，只要备好国际驾照、护照与信用卡就可租车。

另新加坡加油站大多设置于高速公路的交流道附近，不过汽油价格昂贵，通常加油站都有服务人员加油或自助方式加油，可用信用卡或现金付费。

租车公司	电话	网址
Avis	+65 6737 1668	http://www.avis.com.sg
Hertz	+65 6734 4646	http://www.hertz.com.sg
Budget	+65 9487 1051	http://www.budget.com.sg
National	+65 6338 8444	https://www.nationalcar.com
SIXT	+65 6423 9566	http://sg.sixt.com

Tip 租车须知

若行程中规划要租车的话，建议可以先上网预约，比较容易获得折扣优惠，也可避免租车公司调度不到空车的情况。另若须租车前往马来西亚，须注意车子油表一定要达 3/4 以上，否则会被罚钱，建议可先搭巴士到马来西亚 Larkin 巴士站租车，租车价格每天大约仅马币 80~100 元，比从新加坡租车前往相对划算。

4 渡轮

新加坡因地理位置邻近东南亚许多国家，除陆路可通往马来西亚、泰国外，水路可从新加坡港湾渡轮码头（HabourFront Ferry Terminal）或丹那美拉渡轮码头（Tanah Merah Ferry Terminal）搭乘渡轮前往邻近的巴淡岛（Batam）、民丹岛（Pinang）等印尼岛屿。新加坡有许多家渡轮公司提供载客服务，几乎每小时都有班船前往印尼，须注意的是新加坡国定假日的前日与当日的渡轮班次与平日不同，详细票价与船班资讯可上网查询并订购。

渡轮公司	电话	网址
WaveMaster	+65 6272 0501	http://www.wavemaster.com.sg
SINDO Ferry.	+65 6271 4866	http://sindoferry.com.sg
Pacific Ferry	+65 6278 9688	http://www.pacificferry.com.sg
Batam Fast	+65 6270 2228	http://www.batamfast.com

Tip 注意事项

请在开船前至少一个小时至渡轮口办理出境及登船手续。持中国护照前往印尼可于当地办理单次落地签，费用美金10元。另建议在新加坡买好往返的渡轮票，可避免旅游旺季期间，在印尼可能遇到漫天喊价的情况。

搭渡轮出境流程

于线上或售票柜台买渡轮票→开船前一小时至新加坡海关检查站办理出境手续→到渡口码头搭渡轮→到达目的地，下渡轮后至当地海关检查站办理入境手续。

新加坡至印尼之码头一览

出发码头	停靠码头	时间	费用（新币）
新加坡港湾渡轮码头（Habour Front Ferry Terminal）	印尼巴淡岛巴淡中心码头（Batam Centre）	60分钟	单程23～30元 往返34～40元
	印尼巴淡岛史古邦码头（Sekupang）	60分钟	单程23～30元 往返34～40元
	印尼巴淡岛河畔码头（Water Front）	60分钟	单程23～30元 往返34～40元
	印尼丹戎巴莱的Tanjung balai码头	90分钟	单程25～40元 往返44～50元
新加坡丹那美拉渡轮码头（Tanah Merah Ferry Terminal）	印尼巴淡岛浓沙布拉码头（Nongsapura）	45分钟	单程23～30元 往返34～40元
	印尼民丹岛Tanjung Pinang码头	90分钟	单程32～40元 往返44～50元

新加坡观光交通

新加坡政府对于促进当地观光旅游产业的发展可说是不遗余力，对外向全世界加强行销新加坡观光，近几年更以“Uniquely Singapore”为国际宣传的口号；对内的软件方面则是积极规划赌场及 F1 一级方程式赛车等活动，硬件方面以加强观光交通建设为首要目标，例如，开往圣淘沙的交通工具就高达 6 种之多，更不用说在市区或景点专为游客规划的多种观光交通工具了！

1 游圣淘沙

前往圣淘沙的交通工具

新加坡政府为了发展圣淘沙为国内的假日旅游胜地，吸引本地及海外游客，不仅积极建设岛上的各项设施，更进行多项完善的交通建设。因此，从新加坡前往圣淘沙至少有6种方式可以选择，除自行开车、搭计程车及巴士外，较具特色的3种方式分述如下：

跨海步道（Sentosa Boardwalk）

想吹吹海风的旅客，可利用2011年才完工的跨海步道，从怡丰城（VivoCity）步行至圣淘沙大约只要5~10分钟，更贴心的是短短620米的步道上，装置了10条室外自动化的电动步道，让游客不会走得太累，轻松步行在步道上还可观赏无敌海景，美不胜收。

圣淘沙捷运（Sentosa Express）

游客最常搭乘的是圣淘沙捷运。该捷运是一条连接怡丰城和圣淘沙的单轨铁路，行经圣淘沙岛内3站，只要用新币4元购买一日乘车卡Sentosa Pass，或以ez-link Card支付新币3元车资，就可于当日无限制搭乘圣淘沙捷运及圣陶沙岛内的巴士和路面电车。

圣淘沙缆车（Cable Car）

千万不能错过新加坡全程1.6公里的圣淘沙缆车（Cable Car），沿途可以欣赏新加坡南部海岸线的美丽景观。除一般缆车外，新加坡还推出堪称最奢华的世界七星级贵宾宝石缆车。车厢内装饰黑色施华洛世奇水晶，内置4张宽大且舒适的真皮座椅、19吋LED萤幕、DVD播放机、冰箱及高级音响等豪华设施。此外，只要花新币约300元起，还可在缆车上享受一顿浪漫的高空晚餐， 票价与相关资讯可上网预约查询：http://www.mountfaber.com.sg。

交通工具	入园费（含车资）	搭乘地点	营运时间
缆车	一般缆车 26 元、宝石缆车 39 元	HarbourFront Tower 2	08:30~21:30
圣淘沙捷运	4 元（可刷 ez-link card 3 元）	怡丰城 3 楼（VivoCity）	07:00~24:00
巴士 RWS 8	2 元	港湾巴士转换站（HarbourFront Bus Interchange）	06:00~23:30
计程车	3 元 + 车资	任何计程车站	24 小时
开车	3 元	无	24 小时
步行跨海步道	1 元（可刷 ez-link card）	无	24 小时

圣淘沙免费交通工具

圣淘沙岛上的热门景点四处分布，因此圣淘沙发展局在岛上设有巴士和电车可供岛上游客免费搭乘。电车（Beach Tram）有两条路线，皆从海滩站（Beach Station）发车，往来于岛上南岸的各海滩；免费巴士共有3条循环路线，衔接岛上各主要景点。其中Sentosa Bus 3可抵达岛上观光客较少的高级住宅区升涛湾村（Sentosa Cove Village）；另若是入住于圣淘沙饭店的房客，还可搭乘饭店提供的环岛巴士"PLAY Rider"，上车时只要出示房卡即可免费搭乘，PLAY Rider的详细资讯请于入住时洽询饭店柜台。

交通工具	循环路线	班距	营运时间
Beach Tram	海滩站 Beach Station ←→ 西罗索海滩 Siloso Beach 海滩站 Beach Station ←→ 巴拉湾海滩 Palawan Beach、丹戎海滩 Tanjong Beaches	10 分钟	周日至周五 09:00~22:30 周六 09:00~24: 00
Sentosa Bus 1	海滩站 Beach Station → 英比奥山顶景点区 Imbiah Lookout → 西罗索景点 Siloso Point → 炮队大道 Artillery Avenue → 圣淘沙名胜世界 Resort World Sentosa → 鱼尾狮 merlion → 海滩站 Beach Station	10 分钟	周日至周五 07:00~22:30 周六 07:00~24:00
Sentosa Bus 2	海滩站 Beach Station → 炮队大道 Artillery Avenue → 圣淘沙名胜世界 Resort World Sentosa → 鱼尾狮 merlion → 西罗索景点 Siloso Point → 英比奥山顶景点区 Imbiah Lookout → 海滩站 Beach Station	10 分钟	每日 09:00~22:30
Sentosa Bus 3	海滩站 Beach Station → 炮队大道 Artillery Avenue → 护林员站入口 Ranger Station inbound → 实拉蓬入口 Serapong inbound → 升涛湾村 Sentosa Cove Village → 实拉蓬出口 Serapong outbound → 爱兰布鲁入口 Alanbrooke inbound → 巴拉湾海滩 Palawan Beach → 爱兰布鲁出口 Alanbrooke outbound → 圣淘沙高尔夫球俱乐部 Sentosa Golf Club → 圣淘沙百富大酒店 The Sentosa Resort And Spa → 榕树站 Ficus → 护林员站出口 Ranger Station outbound → 鱼尾狮 merlion → 海滩站 Beach Station	30 分钟	每日 08:00~22:30

2 观光巴士

自助旅行时，若不知道如何规划城市观光，只要搭上观光巴士就可以了！乘观光巴士不但可以轻松安全地欣赏到城市风貌，还可从巴士上的导览介绍了解城市的发展背景及最新情况。新加坡观光巴士是最新型的双层敞篷车身，提供多条不同观光路线服务，主要路线景点包括滨海湾金沙酒店、牛车水、小印度、圣陶沙等，票价与相关资讯可上网查询。

观光巴士	费用（24 小时有效票，新币）	特色	网址
CitySightseeing Singapore	成人 27 元 儿童 19 元	新加坡最大的观光巴士公司，提供 4 条不同观光路线，43 个停靠站。	http://www.city-sightseeing.com
SIA Hop-on	成人 25 元 儿童 15 元	1 条路线、新航假期的旅客可免费搭乘、出示新航登机证可优惠购票（成人 8 元、儿童 4 元）。	http://www.siahopon.com
City Tour	成人 19.9 元 儿童 19.9 元	1 条路线、票价便宜但车次较少。	http://www.citytours.sg/

3 游新加坡河

游览新加坡河沿岸风景，最棒的方式就是搭船了。游客可选择传统船身的游河船，或搭鸭子船享受水上及路上的双重风景，船沿新加坡河行经多个著名景点，如，滨海艺术中心、鱼尾狮公园等。不管游河船或鸭子船，船上均提供导览，沿途介绍横跨新加坡河上的桥梁及河畔建筑物的历史背景；在经过新加坡的滨海湾金融区附近，可以看到百年历史的货仓及商店，与旁边金融中心的摩天大楼形成鲜明且奇妙的对比。票价与相关资讯可上网查询。

游新加坡河	新加坡河游船（Singapore River Cruise）	鸭子船（Wacky DUCK）
时间	40 分钟	60 分钟
费用（新币）	成人 18 元 儿童 10 元（3~12 岁）	成人 33 元 儿童 23 元（3~12 岁）
营业时间	09:00~23:00	10:00~22:00
网址	http://www.rivercruise.com.sg	http://www.ducktours.com.sg
购票地点	罗伯逊码头（Robertson Quay） 李德桥（Read Bridge） 克拉码头（Clarke Quay） 驳船码头（Boat Quay） 浮尔顿 （Fullerton） 鱼尾狮公园（Merlion Park） 宝门廊（Promenade） 滨海艺术中心（Esplanade） 海湾舫（Bayfront South）	新达城 （Suntec DUCK & HiPPO counter） 乌节路（Orchard Road The Mid-Point Orchard） 新加坡摩天轮（Singapore Flyer unit #01-06） 牛车水（Chinatown Heritage Centre） 樟宜机场第二及第三航厦入境大厅

4 三轮车

三轮车在许多地方大多已被出租小汽车所取代，但在今日经济发达的新加坡，仍然保留这种传统的交通工具，并已成为带动观光的重要工具。目前新加坡仅有一家取得执照的三轮车公司“三轮车叔叔私人有限公司”。该公司也被新加坡旅游局委托为雅柏林荫道（Albert Mall Trishaw Park）三轮车集中站的管理公司。公司为提高三轮车性能并节省人力，还引进半电动三轮车，车上还装有英、中、日、韩四种语言的自动解说系统，穿越市中心闹区的大街小巷，向游客介绍沿途风光和城市发展与文化。

DATA 三轮车叔叔私人有限公司（**trishaw uncle**）电 65 9012 1233 网 http://trishawuncle.com.sg

三轮车行程	搭车地点	下车地点	景点	费用（新币）
30 分钟行程	Albert Mall Trishaw Park	Albert Mall Trishaw Park	武吉士、小印度	成人 39 元 儿童 29 元（3~12 岁）
45 分钟行程	Albert Mall Trishaw Park	Singapore River Cruise Liang Court Jetty	武吉士、小印度及新加坡河	成人 49 元 儿童 39 元（3~12 岁）

Chapter 4

达人行程篇

S 预算 新币 S$

本单元预算金额的计算基准，住宿以两人分住双人房的单人平分部分计算，三星级观光饭店一人一夜约 150 新币。交通费用大部分为地铁移动，预算内包含可能的市区短程及前往无地铁区域的计程车费用。饮食部分除“美食巡礼”主题旅程外，皆以一般水准的饮食店作预估。

行程1 亲子欢乐4日游

新加坡是年轻的国家，不但一年四季如夏，也因为向来重视未来主人翁，境内充满各色适合儿童的游乐区，从动物园、互动式博物馆到主题乐园，应有尽有，许多都富有教育意义；著名的圣淘沙更是砸下重金做成的世界级娱乐度假胜地。岛上除有东南亚唯一的环球影城外，也有能娱乐成人的观光赌场和高级购物中心。带着小朋友出游，不妨参考本行程，来一趟寓教于乐、大小皆欢的旅行。

本行程预算

交通费	50新币
饮食费	130新币
住宿费	450新币
杂支费	200新币
总计	**830新币**

DAY 1

新达城 Suntec City Mall 搭乘鸭子船 DUCKtours（步行 15 分钟）➩ **鱼尾狮公园 Merlion Park**（步行 10 分钟）➩ **老巴刹熟食中心 Lau Pa Sat**（地铁 Promenade 站）➩ **摩天轮 Singapore Flyer**（步行 10 分钟）➩ **金沙酒店 Marina Bay Sands Hotel**。

抵达樟宜机场后直奔市中心，前往**新达城**搭乘**鸭子船**。鸭子船是美军越战时期的水陆两用船，可由路面直接下水。行程中能够看遍新加坡绝大多数著名建筑，除水陆变换的趣味外，同时也能帮助小朋友以最快速度了解新加坡面貌。下船后前往临近的**鱼尾狮公园**，拍下经典新加坡合影，就可以到新加坡最有名的熟食中心**老巴刹**晚餐。老巴刹是新加坡各地常见的熟食中心升级版，环境干净，食物种类众多，适合带小朋友尝试地道的美食。饭罢前往**摩天轮**观赏夜景（若不想转车，可在老巴刹前搭计程车），从不同视角观察新加坡。夜里可转往**金沙酒店**，大人可以购物或进赌场小试身手，也可带小朋友搭乘酒店内模仿小舢舨的小游乐船。（注：鸭子船与摩天轮有套票可购买，价格较优惠。）

DAY 2

新加坡科学博物馆 Singapore Science Centre（步行1分钟）➪ **雪城 Snow City**（计程车约20分钟）➪ **新加坡动物园 Singapore Zoo**（步行1分钟）➪ **新加坡夜间动物园 Singapore Night Safari**

图片提供/coolinsights

今天一整天都在新加坡西边裕廊一带。这一区域可以说是最适合带小朋友游玩的地方，交通上搭地铁到**裕廊东站**后，可以步行到科博馆和雪城。**新加坡科博馆**具有许多互动展示，特别是在Water Works展区有多处以水为主题的设施，示范关于水的压力、彩虹形成等知识，同时可以在Giant Dryer中烘干衣物并了解蒸发原理，是个非常好玩儿的、连成人也会觉得有趣的地方。**雪城**就在科博馆隔壁，是在新加坡这个热带地区特别建设的冰雪天地，提供雪衣租借，可以不必担心太冷，不过最好穿着长裤。午后至动物园区。**新加坡动物园**的动物种类繁多，夜里可到动物园隔壁的有名**夜间动物园**探险，让小朋友一次看尽动物生态。

DAY 3

从怡丰城 Vivo city 至圣淘沙岛 Sentosa（搭乘缆车后步行2分钟）➪ **环球影城 Universal Studio**（步行5分钟）➪ **圣陶沙岛其他设施**

今天一整天都将待在**圣淘沙岛**，享受这个游乐之岛的所有设施。岛上所有大众交通工具都可免费搭乘，含循环公车及海滩火车。圣淘沙岛的环**球影城**是全东南亚唯一一座环球影城，规模虽然无法与美国本土的相比，却有18项专门为新加坡打造的设施，最新推出的变形金刚3D对决与4D动感电影院更是非常精彩，当然木乃伊云霄飞车或侏罗纪河流探险也不容错过，另外千万别忘记与史瑞克等影城明星合照。如果还有时间的话，可选择参观同样位于名胜世界内的**S.E.A海洋馆**、**海事博物馆**等，或是到岛上的**海底世界&海豚乐园**、**摩天塔**、**蝴蝶园与昆虫王国**走走，深夜时分成人还能到赌场小小放纵。建议入住岛上的节庆酒店。客房有专为小房客预备的可爱空间。

DAY 4

乌节路 Orchard Road（地铁25分钟）➪ **樟宜机场 Singapore Changi Airport**

行程最后一天是购物的最好时机。乌节路一带是新加坡各大名牌与百货公司集中地，有最早兴建的购物中心如**狮城大厦**，也有建筑风格融合东西方的**义安城**，如果是甜品的爱好者，更不可错过高岛屋百货公司二楼的巴黎甜品店Laduree，一尝有如少女酥胸的马卡龙。此处咖啡餐饮店家众多，采购完新加坡回忆后建议去**基里尼咖啡店**小歇一下。此处专卖咖椰吐司等地道的新加坡小食，值得一试。另外**樟宜机场**也有好玩之处，第三航厦的地下二楼有大型溜滑梯可供游玩，机场也是大型购物中心，提早到机场可是一点儿也不无聊喔！

行程2 建筑飨宴4日游

新加坡的建国虽然不到 50 年，但因为是被英国殖民，又深受马来西亚文化的影响，建筑本身融会东西，别具风格。近来在政府刻意经营下，境内的各种大型公共设施均由知名建筑师设计，除被昵称为“大榴莲”的新加坡滨海艺术中心外，又有了帆船造型的金沙酒店、犹如巨型莲花的现代艺术博物馆及最新落成的滨海花园等，更不用说还能在小巧的新加坡市欣赏小印度区的兴都庙、回教文化区的清真寺，一定能满足最挑剔的建筑迷的胃口。

$ 本行程预算

交通费	50新币
饮食费	130新币
住宿费	400新币
杂支费	150新币
总计	**730新币**

DAY 1

圣安德烈教堂 St. Andrew's Cathedral（步行 5 分钟）➩ **市政厅 City Hall**（步行 3 分钟）➩ **高等法院 Supreme Court**（步行 5 分钟）➩ **旧国会大厦**（步行 3 分钟）➩ **新闻及艺术部 MICA**（步行 5 分钟）➩ **克拉码头晚餐**（建议店家：松发肉骨茶）（步行 15 分钟）➩ **新加坡河游船 Singapore River Cruises**

抵达首日先以英国殖民建筑为欣赏重点，本日的行程都在地铁政府大厦站与克拉码头站之间。**政府大厦站**左近的**圣安德烈教堂**是 1862 年就完工的老教堂，当初以大量的印度劳工建造，因此使用许多印度的建筑技巧，比如建筑外观的石膏调料就使用印度特有的配方，混和糖、蛋白及贝壳等原料，让教堂外观始终如泰姬玛哈陵般终年洁白。接下来连续参观**市政厅**、**高等法院**、**旧国会大厦**与**新闻及艺术部** 4 个政府单位建筑。其中市政厅的圆柱群、高等法院象征新古典主义的青铜圆顶、新闻及艺术部色彩缤纷的长窗都是建筑欣赏的重点。旧国会大厦已改为艺术屋，可入内参观。晚上在**克拉码头**用餐后，可搭乘**新加坡河游船**，欣赏灯光下建筑的两样风情，并眺望浮尔顿酒店、莱佛士酒店的夜间景致。

图片提供 / edwin.11

DAY 2

滨海艺术中心（地铁 Marina Bay 站）➩ **滨海堤坝 Marina Barrage**（步行 5 分钟）➩ **金沙酒店**（步行 5 分钟）➩ **滨海湾花园 Gardens by the Bay**（步行 10 分钟）➩ **艺术科学博物馆 ArtScience Museum**（地铁 Promenade 站）➩ **双螺旋桥 The Helix Bridge**（步行 10 分钟）➩ **摩天轮**（地铁牛车水站）➩ **牛车水**

今天以**滨海湾**一带的现代建筑为观览重点，从新加坡地标建筑之一的“大榴莲”开始。这座 2002 年才问市的**滨海艺术中心**本身的造型就十分特别，闪闪发亮的“榴莲皮”其实是一片片铝制遮阳板，内部除剧院和音乐厅外，还有购物中心和顶楼阳台等设施，此外也有专人导览内部介绍。接下来参观新加坡最新发展区域 Marina Bay。这个区域从前因地势较低，容易淹水，自从**滨海堤坝**兴建后，这个艰难的工程成功地调节海水和内湾，以铁闸拦住外面的海水进入，当湾内海水高升时亦可开闸排放。坝上有凉亭可以远观市区，坝旁的建筑屋顶更有难得的太阳能公园。当然，不远处就是帆船造型的金沙酒店，内部不但有巨型购物中心、商场及饮食广场，也有赌场可供小试身手。

金沙酒店旁的**滨海湾花园**是最新落成的新景点，除有高空走廊可以观赏景观外，花园内的两座建筑本身也十分有特色，除欣赏外观，建筑内部就是温室，植物众多，很有热带风情。滨海湾的另一特色建筑是形状有如莲花的**艺术科学博物馆**，莲花瓣的部分是可开阖的水濂天幕，非常优美。

双螺旋桥是以不锈钢索模仿人体 DNA 形状的桥，由澳洲和新加坡的建筑团队联手打造，外观美丽。走过桥后前往不远的大型**摩天轮**，能从高处一览今日走过的所有路线，并一探新加坡美丽的天际线。夜间可以到**牛车水**（中国城）一带用餐，看看与现代建筑大异其趣的中国南洋风情长楼，并远观欧南园一带造型奇特的 HDB（政府组屋），若有体力，可顺游小印度街区。

DAY 3

虎豹别墅（地铁诺维娜 Novena 站）➪ **晚晴园**（地铁武吉士 Bugis 站）➪ **克里斯南兴都庙 Sri Krishnan Temple**（步行 5 分钟）➪ **白沙浮购物广场 Parco Bugis Junction**（步行 10 分钟）➪ **新加坡艺术博物馆 Singapore Art Museum**（地铁莱佛士广场站）➪ **莱佛士酒店 Raffles Hotel**

搭地铁到 Haw Par Villa 站，首先参观地铁旁的**虎豹别墅**。虎豹别墅一共有三座，一座在香港、一座在福建，另一座就在新加坡，是贩售万金油的胡氏兄弟投资兴建，用以宣传产品的庄园，一度是新加坡最受欢迎的景点。占地辽阔，建筑物内包含诸如西游记、地狱十八殿等中国民间故事的情节，是非常有趣的建筑。相对于虎豹别墅的趣味性，**晚晴园**（孙中山南洋纪念馆），除建筑本身非常优雅，是同盟会在东南亚的基地、新加坡罕有的纪念孙中山的历史景点外，兼具南洋风情及中国庭园风采。“晚晴园”一名来自李商隐的名句“天意怜幽草，人间重晚晴”中之“晚晴”二字。

午后来到**武吉士**（Bugis）区。这里充满与南洋风情截然两样的伊斯兰教建筑。其中包含一处特殊的印度神庙**克里斯南兴都庙**。该神庙色彩鲜艳，在一片淡色建筑中分外明显。庙宇本身已有 130 年历史，装饰细节处理细腻，信徒众多。接着前往 Bugis 站旁的**白沙浮购物广场**。这里能让人从今天的历史建筑中暂时解放，白沙浮广场原本是由当地的店屋组成，但是后加了漂亮的玻璃天顶拱廊，因此充满简洁利落的现代氛围。这里不但建物漂亮，购物广场内吃喝采买也应有尽有。

新加坡艺术博物馆，是重建的学院建筑，式样堂皇。除建筑外，该馆馆藏艺术作品超过 4000 件，是东南亚地区艺术的最大收藏地之一，特别在展示当地和国际艺术特色方面独具一格。最后来到新加坡地标之一的莱佛士酒店。**莱佛士酒店**，是标准英国殖民风味建筑，悠闲又典雅，可以特别到二楼的 Long Bar 点一杯由这里发明的鸡尾酒新加坡司令，慢慢沉浸在古雅的英式酒吧风情中。

DAY 4

贝聿铭设计的 OCBC（地铁港湾 Harbour-Front 站）➪ **怡丰城 VivoCity**（圣淘沙列车）➪ **圣淘沙** ➪ **机场**

OCBC，全名为 Oversea-Chinese Banking Corporation Limited，是新加坡最具规模的三大银行之一。在市中心的 OCBC Centre，是 1976 年由贝聿铭设计建成。大楼由灰石砖覆面，外观突显了几何线条，是典型的贝聿铭风格。大厦内每层都没有支柱，以 20 楼和 35 楼为受力层，由此将其上层楼的重量分散至两旁，是建筑爱好者必看之处。另一商城**怡丰城**则是由伊东丰雄设计，因其面临港湾，设计方向颇有扬帆出海的帆船之貌，主体洁白，流线造型摩登，是新加坡最具美感的购物中心。

如果还有时间，从怡丰城可以搭乘前往圣淘沙的列车，只需 5 分钟即可抵达**圣淘沙**，看过新加坡最美的蓝天绿海后，即可心满意足地打道回府了。

行程3 漫漫文化4日游

新加坡一直致力于扩充人口，因此拥有大量外来移民，加上英语化教育、与邻国深厚的关联等因素，境内长久以来都是多元文化并行的状态，不但一般告示包含英文、中文、马来文及印度文等多元文字，国定假日也包含了中国、印度、马来、西洋的重要节庆。境内各种民族蔚然成村。因此不用亲身到印度或马来西亚，在新加坡一地就可以见识到与当地几无分别的异地景观。本行程就要带您了解数种文化各自独特的魅力与交织融合后的新加坡本地风情。

本行程预算

交通费	50新币
饮食费	130新币
住宿费	450新币
杂支费	90新币
总计	**720新币**

DAY 1

土生华裔祖屋（地铁 Paya Lebar 站步行 10 分钟）➪ **马来文化村 Malay Village**（步行 5 分钟）➪ **芽笼士乃市场 Pasar Geylang Serai**（地铁加冷 Kallang 站）➪ **芽笼**

新加坡独立自马来西亚，至今与马来西亚仍有很深的牵连，境内不但有许多马来人，亦有很多马来西亚土生华人，加东一带正是马来文化的大本营。地铁 Paya Lebar 站附近的坤城路一带华丽的**土生华裔祖屋**正是流传自早先移民。当时移民至东南亚的华人男子多娶当地马来女子，这列长屋便是当时文化融合的产品。屋宇小巧、装饰华丽，有中华建筑的外型与东南亚热情多彩的颜色，非常特别。左近的**马来文化村**更是完全以马来文化塑造出来的示范村落，不但建筑是完全马来形式，村内也有马来文化博物馆，里面的饮食中心提供正宗马来食物。如果周末前来，还可能碰上马来舞蹈表演。

之后前往新加坡境内最大的马来市场**芽笼士乃**，里面除贩售日常生活物品外，也有熟食中心，可随意购买窝打之类的马来小吃，周遭全是包裹头巾的马来妇女抢购商品，会让人有身在马来西亚的错觉。

夜间前往**芽笼**。新加坡虽然是法治国家，红灯区却是合法营业，合法的娼馆驻点就在芽笼一带，虽然占地仅一条马路，却区分出各个不同国家性工作者的势力范围，白天虽看不出所以然，入夜却非常热闹。除街上时有阻街女郎拉客外，此区其实是美食聚集地，治安尚称良好，可以安心来看看热闹品尝美食。

○ **甘贝尔巷 Campbell Lane**（步行3分钟）➪ **阿都卡夫回教堂 Abdul Gaffoor Mosque**（步行3分钟）➪ **实龙冈路 Serangoon Road**（步行3分钟）➪ **维拉马卡里玛雅曼兴都庙**（步行3分钟）➪ **陈东龄故居**（步行3分钟）➪ **竹脚中心 Tekka Centre**（地铁花拉公园站）➪ **黄亚细肉骨茶餐室**（地铁克拉码头站）➪ **克拉码头**

今天以**小印度**为主要参观点。地铁小印度站出来不远就能抵达**甘贝尔巷**，这条小巷充斥着各种印度风格的家具及装饰品，可以杀价购买。顺路可参观犹如皇宫壮阔的**阿都卡夫回教堂**。这座回教堂的彩绘穹顶和有25道度数的日晷都极为鲜见。接下来走**实龙冈路**，沿路可以购买小吃，并可对整条路上鳞次栉比的金饰店啧啧称奇，赞叹印度果然是很喜欢黄金的民族，当然要趁机购买一些做工繁复的印度华丽风格金饰。**维拉玛卡里亚曼兴都庙**就在实龙冈路上，里内多条手臂的女神塑像很有名，如果在周二、周五信徒朝拜日前来，膜拜的信徒之多能吓人一大跳。

陈东龄故居，在小印度是比较奇怪的建筑。这是一座中式店屋别墅，同时拥有新加坡店屋的风格和半西式别墅的华丽细节，兼有印度风格的配色。目前一楼是药店，屋宇虽不开放参观，但光是外观已够让人惊叹。最后回到小印度地铁站。站旁的**竹脚市场**是采购的好地方，举凡首饰、杂物、熟食都有，而且价格便宜。如果喜欢印度服饰可在此购买。记得，务必要杀价。

再坐一站地铁到花拉公园站。到此除了要来吃很有名的**黄亚细肉骨茶**外，更重要的是要来感受更浓的印度味体验。花拉公园站周遭绝大多数是印度人居住，与观光味较重的小印度相比，更有印度的庶民日常感。晚上到**克拉码头**，在岸边成排的小酒吧中挑一间坐下，从印度的悠哉转回英国殖民的休闲，并欣赏船过新加坡河的潋滟夜景。

DAY 3

苏丹回教堂 Sultan Mosque（步行 5 分钟）➩ **马来历史中心 Malay Heritage Centre**（步行 5 分钟）➩ **观音堂佛祖庙**（步行 1 分钟）➩ **克里斯南兴都庙**（步行 8 分钟）➩ **亚拉街 Arab Street**（地铁 Dhoby Ghaut 站）➩ **新加坡总统府**（地铁莱佛士广场站）➩ **莱佛士酒店**

武吉士地铁站周边是文化混合的地方。首先，在这里的**苏丹回教堂**就是新加坡最古老的回教堂，于 1824 年开始创建，1924 年扩建成如今面貌。建筑本身富丽堂皇，融合回教、印度与英国风格，不过如果仔细观察，可在某些细微的地方发现如酱油瓶罐之类的物体也是建筑构成物。这些是早年扩建时居民出钱、出力、出物资的结果，相当奇妙。

顺路可到**马来历史中心**，这里本来是苏丹的皇宫别院，现在改成博物馆，在此可以看到马来皇族过去生活的痕迹。该区最有名的中国庙宇就是接下来参观的观音堂。此处虽然不大，却拥有众多信徒，香火鼎盛。隔壁的**克里斯南兴都庙**也许受此影响，居然在庙前放置香炉，成为唯一一个可以举香的印度庙。两个庙宇都很值得参观。但说到回教文化的生活起居，还须到**亚拉街**去探索。亚拉街不长，但店家非常多，回教徒所需的各色用品在这里大概都能买全，香料店、丝巾、藤编器具，应有尽有。附近还有可以客制香水的阿拉伯香水店和众多水烟馆，创意设计相关的小店也很多，是个消磨时间的好地方。

接下来前往精华地段乌节路附近。**新加坡总统府**位于此处，一年中有 5 天开放，分别是农历新年、劳动节 5 月 1 日、国庆日 8 月 9 日、开斋节 10 月 15 日和屠妖节 11 月 2 日。建筑物本身是英国殖民建筑，前身是英国总督府，府外的花园相当典雅，在开放日期来到新加坡，可以去感受当地最高的权力象征，如果未开放，也可到新加坡最有名的名牌大道乌节路逛街。

夜里到**莱佛士广场**一带欣赏浮尔顿饭店、维多利亚剧院及音乐厅在灯光掩映下的璀灿辉煌，并到标准英国殖民风格的 Long Bar 点一杯道地的“新加坡司令”，感受一下英国殖民时代新加坡的另种文化。

DAY 4

牛车水原貌馆 Chinatown Heritage Centre（步行 2 分钟）➩ **宝塔街 Pagoda Street**（步行 3 分钟）➩ **史密斯街 Chinatown Food Street** ➩ **机场**

牛车水原貌馆，就是一本早期华人移民来新加坡的奋斗史。馆内以影音动、静态呈现华人当时飘洋过海的移民生活，并忠实模拟出当时特有的店屋使用形貌，让人感受当时店屋的窄小拥挤，生活不便与困难。原貌馆虽然不大，展品却很丰富，相当值得参观。原貌馆附近的**宝塔街**一带有各式各样的纪念品、小玩物店。店中的商品价格低廉，品质不太差，在这里买伴手礼或到稍远的林志源肉干店购买都不错。宝塔街口是历史久远的**马里安曼兴都庙**，庙里参观免费，但拍照则须付钱。宝塔街之名就是来自兴都庙状似宝塔的建筑。

牛车水一带是新加坡的美食天堂，午饭时间可以到各色美食充斥的**史密斯街**，在赶赴机场之前，可把握机会大吃炒粿条、啰惹等道地的新加坡美食。

行程4 主题乐园4日游

以密度来说，新加坡可以说是主题乐园密度最高的国家。在这片不大的土地上，除有来自美国的环球影城外，因位居于全年皆夏的赤道地带，更有大型水上乐园 Wild Wild Wet，加上全岛都是娱乐区的圣淘沙，新兴的赌场和著名的夜间动物园，更可以跨越边界到隔壁马来西亚新开的乐高乐园游玩，非常适合充满精力、追求刺激的年轻朋友，在安全无虞下享受 4 天精彩行程。

本行程预算

交通费	50新币
饮食费	150新币
住宿费	450新币
杂支费	280新币
总计	**930新币**

DAY 1

机场（地铁 Pasir 站）➩ **Wild Wild Wet 水上乐园**（地铁 Clarke Quay 站）➩ **克拉码头**

从饭店 check in 后带上泳衣直奔新加坡最大的 **Wild Wild Wet 水上乐园**，跳进水中清凉一身热带暑气。位于东海岸边的 Wild Wild Wet 水上乐园拥有所有你能想到的水上措施，除必备的泳圈漂浮和海浪模拟外，更有精彩刺激的 U 型滑水道及全亚洲最高的水上滑道。全乐园共有九大主题区，就算不敢玩太刺激的活动，也有趣味十足的超大水桶随时倾倒大水在人身上，非常有趣。

清凉一身后，前往市区中充满异国风情与夜店的**克拉码头**，品尝充满胡椒与大蒜香气的道地松发肉骨茶，补充体力，然后可以搭乘游船夜游新加坡河，一次看毕所有代表新加坡的建筑物如**浮尔顿饭店**、**莱佛士酒店**、**加文纳桥**、**安德森桥**和**鱼尾狮**等。下船后可在克拉码头挑选一家最合心意的酒吧或夜店与朋友畅饮，一同庆祝青春旅行的第一夜。

图片提供 / Halogen

图片提供 / Philip Sheldrake

DAY 2

乐高乐园 Legoland（乐园巴士）➩ 摩天轮（步行 15 分钟）➩ 金沙酒店（步行 10 分钟）➩ Avalon Club

图片提供 / alexis

图片提供 / erwinsoo

今天要记得随身带护照，因为我们要穿越边界到马来西亚。与新加坡相邻的马来西亚柔佛州新开了亚洲唯一的**乐高乐园**。这个非常特殊的主题乐园满足了所有童年喜欢玩“乐高”人的所有想象。乐高乐园内不但有以“乐高”作成的各国地标建筑，连工作人员的名牌都是以“乐高”作成的，当然，也不缺乏游乐的云霄飞车，虽然刺激度不算很高，但穿梭在大型“乐高”积木中，每个人都彷佛重新经历着童年的时光。

前往乐高乐园的巴士专车就在**摩天轮**下搭乘，可在此购买车票与门票的联票券，比较划算。回程时同样在摩天轮下车，正好可在华灯初上时登上摩天轮一览新加坡全景。晚饭就去不远处的**金沙酒店**。金沙酒店同时拥有购物中心及饮食广场，如果想吃得豪华一点，金沙更不乏众多高级餐厅。饭后登上金沙酒店有名的船型屋顶，或干脆到赌场试试手气，10：00 过后我们前往酒店旁滨海的夜店 **Avalon**。这是新加坡最时尚的夜店，位于水面上，四周装饰巨大落地玻璃，从店里就可以看见美丽的滨海景观，非常适合让年轻朋友疯狂一下。

DAY 3

圣淘沙（圣淘沙列车转计程车）➩ 夜间动物园

今天一整天都在圣淘沙岛上游玩。圣淘沙岛最有名的就是环球影城与海洋馆，但是圣淘沙上的**西罗索海滩**上也有全球少见的斜坡滑车和空中吊椅。使用者在无电力驱动的装置下从 12 层楼高的山坡上下滑，非常刺激。如果这样还不够，不妨试试当一回空中飞人。西罗索海滩上也有空中飞人教学，可以自己上场享受飞在空中的特技表演。不然搭上**皇帽摩天塔**也是不错的选择，搭乘摩天塔的巨型览车缓缓高升 130 米，应该也是令人难忘的经验。入夜后可前往夜间才开放的 **Night Safari 夜间动物园**，记得要看好所有动物秀的时间和火舞表演，不要错过，搭乘游园车参观完动物的夜行生态后，也可试着步行与游园车路径不同的小径，别有一种丛林野趣感。

DAY 4

小印度（步行 15 分钟）➩ 牛车水（地铁樟宜机场站）➩ 机场

在新加坡的最后一天，看看除主题乐园外也很有名的**小印度区**。首先到 Ananda Bhavan。这是一家卖印度薄饼、姜茶、甜点的小店，再来参观这里最大的印度庙**维拉玛卡里亚曼兴都庙**。小印度区建筑色彩缤纷，东西便宜，沿街的纪念品店都可以逛逛。如果不排斥，可以在街上找到手部彩绘店，在手上作画，画上专门为庆典或婚礼的花纹，带回家可以向朋友好好炫耀一番。靠近小印度地铁站的**竹脚市场**是购买印度服饰的好地方，价格便宜、花样繁多，可以杀价，也可以带几个闪亮的印度风格首饰送亲友。从小印度走到临近的**牛车水**大约只要花 15 分钟左右，沿路欣赏新加坡特有的店屋建筑。牛车水是另一个购物的好地方。**林志源肉干**是必尝的特色肉干，其中招牌口味和培根口味最受欢迎。在牛车水用完午餐就赶赴**机场**。记得先到第三航厦 3 楼，试试高达三层楼的超巨大溜滑梯再去登机。

行程5 阳光铁马4日游

近年来很多国家都很流行单车运动，甚至流行带单车出国旅行，但大部分人却都不知道新加坡是非常适合单车运动的国度。事实上，新加坡东海岸一带景色秀丽、道路平整、车流少，是单车运动的绝佳路径，而且难度不高，适合全家大小一同挑战。另外，不只是单车，新加坡致力于绿化，中部地区更是保留有大片的集水区，喜欢健行大自然的朋友，不妨参考本行程，来段健康户外的新加坡另类自由行。

本行程预算

交通费	80新币
饮食费	150新币
住宿费	450新币
杂支费	100新币
总计	**780新币**

DAY 1

鱼尾狮公园（步行15分钟）➪ 金沙酒店（步行10分钟）➪ 滨海湾花园

初下飞机，首先参观市中心最能代表新加坡的景色——**鱼尾狮**。伫立在海口地区的鱼尾狮截至目前为止已经超过40年，为新加坡代表性吉祥物。这座喷水鱼尾狮位在海湾处，沿海漫步可以将新加坡主要建筑物一览无余。顺行可以走到新建好的**金沙酒店**。金沙酒店是新加坡的新兴地标，建筑物共有三座高楼，楼顶有一状似大船的横顶连接三座楼，非常明显，可以进去参观感受一下这家新加坡最大饭店的宏伟。

穿过金沙酒店，面海那端是全新的**滨海湾花园**。滨海湾花园，开幕于2012年6月，同时配建有新开通的地铁中央线，还未进花园就会看到非常巨大的树群耸立眼前，那就是滨海花园重点之一的擎天树。擎天树约有九层楼高。这些树之间有步道相连，称为天空步道。在上面可以清楚地观赏金沙酒店建筑。入夜之后擎天树会开始多彩的灯光变幻，非常漂亮。园内的两个大温室是另外的一处参观重点，温室内充满全世界各色花卉及新加坡特有兰花品种，园艺和建筑本身均颇为可观。今晚建议在滨海湾花园内或金沙酒店购物中心用晚餐并早点休息，以应付隔天的单车挑战。

DAY 2

乌敏岛 Pulau Ubin（搭船 15 分钟）➪ **樟宜村熟食中心**（单车）➪ **东海岸沿线**（单车）➪ **巴西立公园 Pasir Ris Park**（单车）➪ **东海岸海鲜中心**

今天一整天都驾着铁马穿梭新加坡东岸。首先，骑车到**樟宜村**的渡船码头，搭乘 Bumboat 前往**乌敏岛**。乌敏岛，位于新加坡的东北方外海，岛上一度以花岗岩开采而繁荣。在矿业没落后，新加坡政府将此地规划为自然生态公园，岛上生态原始，几乎被森林覆盖，是很天然的地方。店家、人家都少。如果没有带自己的单车，乌敏岛上是可以租单车的，但不能带出岛。岛上动植物皆丰富，骑车时很容易会遇到野猪等生物，十分有趣，不过最好自备充足的饮水。离开乌敏岛后返回樟宜村，正好在这里**熟食中心**用餐。这里特别有名的是马来椰浆饭，可以一试。熟食中心就在海边，饭罢踏踏浪，略事休息，就可以继续沿着东海岸一路欣赏着海景骑到**巴西立公园**。巴西立公园，占地 71 公顷，单车步道在公园树林中蜿蜒，与之前的海岸景色又不一样。公园中有圆形罗马造型的剧场，是张艾嘉主演的电影《海南鸡饭》取景地。疲劳一天后骑往**东海岸海鲜中心**用餐，一尝新加坡有名的胡椒蟹好放松自己一天的疲劳。

DAY 3

武吉知马自然保护区 Bukit Timah Nature Reserve（计程车）➪ **新加坡动物园**（步行 1 分钟）➪ **夜间动物园**

上午安排到新加坡中部的**武吉知马**健行。武吉知马，是新加坡第一个自然保护区，因为距离市区不远，可以说是隐藏在都会中的热带雨林。武吉知马的游客中心有保护区规划出来的 4 条路线，其中一条，可以通往新加坡最高峰（海拔约 163.63 米）。各路径所需的时间长短不同，从 40 分钟到 2 个小时都有，可以依需求选择。沿路很容易就能看到长尾猕猴。这些猴子不怕人，且会抢人物品，请把所有物品都放在背包中，也不要喂食猴子。接下来搭车前往**新加坡动物园**，午餐建议就在此处享用。新加坡动物园的环境天然，全园不使用栅栏，而是以壕沟、瀑布等屏障隔开游客与动物，定时有各种动物表演或喂食秀。园中有北极熊、白老虎、阿拉伯狒狒等明星动物可以欣赏。入夜后前往动物园隔邻的**夜间动物园**，享受全亚洲唯一的夜间动物园区。搭着游园列车听专人导览，或步行在灯光昏暗无栅栏的动物园区，听动物野性的嚎叫，另有一种自然的神秘感。

DAY 4

新加坡植物园 Singapore Botanic Gardens（地铁樟宜机场站）➪ **机场**

图片提供 / Katie Hannan

今天要参观充满热带植物的**新加坡植物园**。这里占地 74 公顷，原本是 1822 年植物学家史丹福·莱佛士爵士建立的“植物学实验园”，后来改建为现在的植物园。园内花卉繁多、气氛静谧，有可爱的小型露天剧场，是由香港邵氏集团出资建造。园中的亮点是**国家兰花园**。这是全园唯一需要付费的部分。园内遍植各色兰花，大多为本地栽培，也有外国赠送的特殊品种，形状各异，非常漂亮。如果喜欢，纪念品商店也有许多以新加坡国花——兰花品种之一的胡姬花为形的商品，可以在前往机场之前买回，为新加坡之行留下美好的纪念。

行程6 动物搜奇4日游

提到新加坡，首先浮出的景点之一一定包含夜间动物园，而致力于在都会区营造出大自然感的新加坡，对于动物主题的设施可不仅止于此。境内不但有包含白老虎、白犀牛等珍奇动物在内的新加坡动物园，也有全东南亚最大的海洋生物馆，甚至鸟类、蝴蝶与昆虫和爬虫都各有专属的公园，如果喜欢生物生态，新加坡绝对是最佳的旅游地点。

本行程预算

交通费	100新币
饮食费	150新币
住宿费	450新币
杂支费	200新币
总计	**900新币**

DAY 1

S.E.A. 海洋馆（步行2分钟）➩ **海事博物馆 The Maritime Experiential Museum**（圣淘沙列车）➩ **怡丰城**（地铁 Marina Bay 站）➩ **金沙酒店**

抵达新加坡第一天先赶往娱乐之岛**圣淘沙**，目标当然是岛上有名的**海洋馆**。海洋馆的门面虽然很小，但其绝大部分都与海相连或在海下。其中有名的海底隧道，更可以说就在海中，实际能游逛的面积相当大。馆内的海洋生物据称有10万之多，更有全世界最大的海洋观景窗，气势非凡，喜欢生物的人绝对不能错过。看完海洋馆后，如果有时间，可以顺路参观楼上的**海事博物馆**，凭海洋馆的门票可免费进入参观。馆内介绍东南亚海上贸易的历史，其中还有模拟海中遇上台风情景的台风剧场。晚餐前往新加坡最美的购物中心**怡丰城**用餐，可以直接在**“大食代”**饮食广场尝尝新加坡庶民小吃，或花大钱在**“无招牌海鲜餐厅”**吃胡椒蟹、辣椒蟹等海鲜大菜。入夜去**金沙酒店**观览新加坡地标代表的港湾夜景，如果有兴致，也可在赌场小试一番身手。

DAY 2

裕廊飞禽公园 Jurong Birdpark（步行10分钟）➩ **裕廊爬虫园**（地铁纽顿站）➩ **纽顿熟食中心**

图片提供／soham_pablo

早餐过后由地铁文礼站前往**裕廊飞禽公园**。这里占地20公顷，约有600个品种共8000只鸟类。这里每天都有各种鸟类表演，还可在封闭的大型鸟园中与可爱的鹦鹉互动，喂它们吃饲料。但最特别的是还可另外付费上训鹰课程。这个课程让参加的学员与猛禽近距离接触，了解从前草原民族运用什么技巧训练勇猛的老鹰，非常有趣。如果想要参加训鹰课请务必在入园时就询问工作人员，以免向隅。飞禽公园的对面就是**裕廊爬虫园**，以前是鳄鱼场，在1998年时重新改装为爬虫园，增加了40多种爬虫类动物。园内眼镜蛇和鳄鱼的表演最有人气。爬虫园规划仿照丛林与热带沼泽，并时常放出逼真的音效，非常具有娱乐性。晚餐到有名的纽顿熟食中心用餐。**纽顿熟食中心**，虽然不像老巴刹那么有名，却因为多为贩售海鲜而别具一格。因为新鲜，这里几乎随便一家都很好吃，另外也可尝到炭烤鸡肉与沙嗲。

DAY 3

新达城搭乘鸭子船（步行15分钟）➪ **鱼尾狮公园**（步行10分钟）➪ **老巴刹熟食中心**（地铁Ang Mo Kio站转计程车）➪ **新加坡动物园**（步行2分钟）➪ **夜间动物园**

今天在拜访动物朋友之前，先花一点时间参观新加坡市中心。首先到**新达城**搭乘水路两栖的**鸭子船**，从水上和路上欣赏新加坡各大景点、摩天轮等特色建筑。下船后可以先在新达城游逛，去这座购物中心知名的**财富之泉**祈求好运，再前往不远处的**鱼尾狮公园**观看港湾景色，并留下新加坡必拍的景点纪念照。午饭在老巴刹用餐，实际体验新加坡的各色小吃。

饭后前往占地广阔，拥有各种珍稀动物的**新加坡动物园**，在热带地区欣赏北极熊、企鹅感觉分外有趣，另外也可试试亲手喂长颈鹿。夜里转往隔壁的**夜间动物园**，先欣赏入门处精彩的火舞表演，再去动物剧场看小动物们表演“认识环保”的小把戏。游园列车与动物之间几乎没有阻隔，仔细注意，说不定会有鹿在离车很近的地方让人超近距离观察。

图片提供／akosihub

DAY 4

虎豹别墅（地铁樟宜机场站）➪ **机场**

今天参观**虎豹别墅**。这是万金油大王胡氏兄弟所建的大型别墅，后来由新加坡政府改建为主题公园。虽然名称为虎豹，但公园内并没有畜养动物，虎豹之名来自于胡氏兄弟的名字胡文虎、胡文豹。虽然没有动物，但虎豹公园充满了各式各样中国民间故事的人物塑像。其中十八殿地狱的塑像逼真细致，相当特别。

新加坡的**樟宜机场**数次被世界各地的旅客票选为最好买、最好逛、最好睡的机场，三大航厦不但有众多餐馆，也有非常大而且便宜的购物中心。特别的是，机场的员工餐厅是对外开放的，不但特别便宜，也很美味。至于在哪个航厦？不妨提早到机场找找看哦！

图片提供／williamcho

行程7 设计风尚4日游

众所周知新加坡是一个整齐、干净、繁荣的国家，但大部分人会忽略新加坡同时也充满新式设计。从2000年开始，新加坡政府在规划公共建设，包括学校、组屋、博物馆、剧院并大力导入视觉艺术，城市面貌焕然一新。此外因为种族多元、文化丰富，更造就了许多别有风味的特色区域，尤其因为曾受英国殖民之故，大量保留了许多具有维多利亚风格的建筑，对设计艺术特别有兴趣的旅客，新加坡是一个充满魅力的国度。

本行程预算

交通费	50新币
饮食费	130新币
住宿费	450新币
杂支费	100新币
总计	**730新币**

DAY 1

城市规划展览馆（步行2分钟）➩ **红点设计博物馆**（地铁欧南园站）➩ **大华酒店**（步行15分钟）➩ **牛车水**

下机后首先参观**城市规划展览馆**。城市规划展览馆，以360°的环景作出全新加坡的城市景观，另以活泼生动的声光影像介绍新加坡数个主要人种与都市设计概要，可迅速对新加坡有一定程度的了解。而位于展览馆对面的**红点设计博物馆**则是德国红点设计美术馆的海外分部，除长期展出各式设计作品外，本身更融合餐厅、咖啡屋和夜店。许多设计公司也进驻此处，是全方位的设计人景点，非常值得参观。接下来前往欧南园站。这一带邻近牛车水，咖啡甜品店、小酒馆很多，且各有特色，掩藏在传统新加坡店屋之中。其中也是由店屋改建的**大华酒店**于2006年开幕即被选为Conde Nast Traveller杂志全球最热门酒店及度假村，是新加坡唯一获此殊荣的酒店。饭店大堂像椅子博物馆，放满20多张20世纪20~60年代的设计师椅，加上雕塑、仿古三轮车、特色灯光，足见设计者的心思和玩味。夜间前往**牛车水**，看位居此处的佛牙寺、兴都庙，感受多种文化的融合。当然史密斯街的夜市更是觅食的好去处，晚饭不妨在这里解决。

DAY 2

亨德申波浪桥（步行20分钟）➩ **亚历山大拱桥**（步行20分钟转花柏山缆车）➩ **怡丰城**（圣淘沙列车）➩ **圣淘沙**

早餐后搭地铁至红山（Red Hill）站，转搭巴士145号前往亨德申波浪桥和亚历山大拱桥。**亨德申波浪桥**，是新加坡最高的人行天桥，横跨大马路，并穿越热带雨林，木造的桥面与周遭环境相融，桥身设计如同波浪，共有四个波峰，造型奇特因而得名。**亚历山大拱桥**的形状犹如叶片，如果有兴趣，这座桥晚上每隔20分钟就有灯光特效，可以再来参观。

看完两座桥搭缆车到东南亚最大的购物商城**怡丰城**。这里是由威尼斯建筑金狮奖得主伊东丰雄设计，建筑上有大量玻璃透视材质，将港湾风景纳入设计的一部分。这里有许多店家，顶楼还有“大食代”饮食广场，在这里用完午餐，就可以搭圣淘沙列车前往**圣淘沙**。圣淘沙的环球影城或许有点孩子气，但**S.E.A海洋馆**却是世界最大的海生馆，不但生物种类繁多，也有世界上最大的观海景窗，连高广角镜头都难以拍摄全景，海底隧道也是一奇，全馆除海底生物可看外，设计上更是大为可观。

入夜可以到**圣淘沙赌场**参观或干脆下场赌一把。这里的赌场视觉设计上要比金沙酒店更胜一筹。

DAY 3

○ **滨海湾花园**（步行5分钟）➪ **金沙饭店**（步行10分钟）➪ **艺术科学博物馆**（步行20分钟）➪ **浮尔顿湾下午茶**（地铁武吉士站）➪ **武吉士回教文化街区**（地铁Marina Bay站）➪ **路易威登旗舰店**（步行5分钟）➪ **Avalon Club**

图片提供／joshli

早上的重点是**滨海湾花园**。这个园区共分成滨海南花园、滨海东花园，及衔接二者的滨海中花园。其中最大的是滨海南花园。园中建有多棵巨大的擎天树（Supertree）。这些超级树是一座座十多层楼高的垂直花园，树顶可以登高俯瞰整个花园景色。擎天树另外具备收集雨水、生成太阳以及温室的通风管道等功能。两大温室馆是另一个重点，馆内气温仿照地中海，温暖舒适。

形似大莲花的**艺术科学博物馆**就在附近，里面的展品有趣，展示的方式也特别，在内部观看，莲花瓣是巨大的水幕，颇具巧思。午后到**浮尔顿饭店**用下午茶。这里的英式午茶由侍者不断续餐供应，吃饱又吃巧，气氛优雅，观光客也较少，是新加坡难得的一流午茶地点。

之后，前往 **iluma**，iluma 是坐落于武吉士区的购物娱乐中心。其外形采用颇具艺术感的水晶网媒体墙，彷佛被许多宝石包围，在晚上发出亮丽炫目的光芒。武吉士本身是很有趣的回教文化街区，看完 iluma 后，可以花些时间在这个街区漫步，看看苏丹皇宫、到水烟馆试试水烟、到阿拉伯香水店挑一瓶专属的香水。

之后，回到金沙酒店，参观酒店外的 **Louis Vuitton 水晶阁**，也是 Louis Vuitton 在东南亚的首家 MAISON（旗舰店）。这是一座造型独特的水上浮岛式建筑。占地两层，包括针对旅行包及配饰的旅游文化沙龙。店内还设有出售各类旅行、设计、艺术和文化书籍的书店，以及摆放着杰出设计师和名人作品的艺术画廊，非常风雅。深夜到相距不远，建筑方式与 LV 对称的夜店 **Avalon** 一游，体验新加坡的夜生活景象。

DAY 4

○ **莱佛士酒店**（步行8分钟）➪ **赞美广场 Chijmes**（地铁机场站）➪ **机场**

早上到**莱佛士酒店**参观，请认真观察莱佛士酒店门僮的特殊服饰。这是此处的有名招牌之一。酒店一楼有许多特色店家可以参观。酒店后方的新瑞记鸡饭更是值得一试。离莱佛士酒店不远，是由教堂、修道院改建为餐厅咖啡馆集中区的**赞美广场**，可以来此欣赏哥德式建筑，相当优美。

图片提供／Mat Honan

参观完毕，可以提早抵达机场，**樟宜国际机场**第三航厦很值得参观。这座航厦斥资 390 亿新台币打造，开放式的设计，处处展现绿意，超环保的设计概念，有世界首创的日光屋顶，采用 900 多片反光板，可让阳光直接洒入室内，内部摆设许多绿色植物，还有一个 5 层楼高的垂直花园和小瀑布，为机场大厅增加了不少生气，让人心旷神怡。机场地下室更是超大型购物中心，物美价廉，若是没采买够，这里是绝佳的出手处。

行程8 美食巡礼4日游

提到新加坡，想到的美食就是海南鸡饭和肉骨茶，然而此处其实是国际美食荟萃之地。这是因为近几年新国政府致力于发展观光业，许多新兴的大饭店应运而生，同时招揽了诸多国际名厨齐聚新加坡之故。如果身为饕客，来新加坡有多种小吃必尝，但更不应错过的反而是具备米其林资格的大厨名作！本行程特别排出数家值得一试的餐厅，适合对饮食预算宽裕的游人。

本行程预算

交通费	50新币
饮食费	800新币
住宿费	400新币
杂支费	100新币
总计	**1350新币**

＊ 国际美食节为最佳安排时间点

DAY 1

马来文化村（地铁加冷站）➪ **芽笼的无招牌餐厅**

行李放置饭店后，首先前往新加坡东部的**马来文化村**。马来文化村是展示马来文化的示范村落，全区皆是马来传统建筑。村内除有博物馆、文物馆展示外，周末也会有特别活动。村内的饮食中心贩售地道的马来小食，可以叫份鱼浆做的“窝打”试试看。离开马来文化村后前往芽笼区。

新加坡合法的红灯区就在**芽笼**一带，大路上就可以看到莺莺燕燕在街上拉客，来自不同国家的女郎各自分区站立，势力范围划分得很清楚。这里虽然是红灯区，气氛并不诡异，相反的饮食小吃店众多，人来人往很热闹。来这里的重点行程，就是吃**无招牌餐厅**的螃蟹。无招牌餐厅是海鲜专卖店，更是新加坡有名的辣椒蟹名店，虽然已经有好几家连锁店，但芽笼的本店是味道最好的。必点的菜色就是辣椒蟹，记得要多点一份小馒头，好沾酱吃。

DAY 2

滨海湾花园（地铁 Harbour Front 站）➪ **怡丰城**（圣淘沙列车）➪ **同乐轩午餐**（步行 2 分钟）➪ **S.E.A 海洋馆**（圣淘沙列车）➪ **JAAN 晚餐**

早上先到滨海湾最新开放的**滨海湾花园**，参观巨大的温室园艺与超高的天空步道，并眺望金沙酒店的特殊外型。之后前往伊东丰雄设计的东南亚第一大商城**怡丰城**。这里不光是建筑美丽，商品种类更是非常之多，是很值得逛的购物中心。从怡丰城可以搭圣淘沙列车直抵**圣淘沙**。圣淘沙的**同乐轩**是由世界级名厨 Susur Lee 执掌，Susur Lee 的特长是精彩绝伦的酱汁，运用在中式餐饮是令人惊艳的享受。这里套餐一人约 100 元新币上下。饭后参观世界最大的**海洋生物馆 S.E.A**。这里的入口很小，但内部却很广大，充分利用岛屿的特性，努力利用海面下的空间，海底隧道和巨大海景窗都颇为可观。夜里回到市中心，前往**高空餐厅 JAAN**。JAAN，是新加坡著名的高级餐厅，获得许多国际评鉴或票选优盛的殊荣，推荐的 7 道菜套餐一人份约 280 元新币。因为位处高楼，在此悠闲享受华美的大餐之余，还能从不同视角观赏新加坡景色。

图片提供／gabfeng

DAY 3

○ **牛车水**（步行15分钟）➪ **麦士威小贩中心天天海南鸡饭**（步行15分钟）➪ **欧南园长城粥品**（步行20分钟）➪ **小印度**（步行15分钟）➪ **多美歌站梧槽豆花水**（步行20分钟）➪ **克拉码头松发肉骨茶**（步行10分钟）➪ **夜游新加坡河**

早上先到**牛车水**中国城参观牛车水原貌馆，了解早年华人移民的生活，再顺游左近的**印度庙**。不过重点行程是在早上11：00之前抵达**麦士威小贩中心**，尽量避开排队人潮品尝有名的**天天海南鸡饭**。天天海南鸡饭，因为名气大，排队人潮众多，而且通常下午就会卖完。所以最好在早上11：00开卖前就在现场等候。吃完鸡饭，前往参观左近的**佛牙寺**。佛牙寺，占地宽阔，香火鼎盛，寺内还有冷气，是了解新加坡华人信仰最适合的地方。

牛车水与**欧南园**相连，散步过去两侧能看到许多新加坡的传统店屋及这些店屋改成的各式精致小店，而欧南园这里有一家深受当地人喜爱的**长城粥品店**。这家位于大道旁的门店，最拿手的就是田鸡粥和鱼生。粥炖得烂而香，鱼生（生鱼肉）的调味清新，非常受欢迎。尝试之后前往**小印度**，可以仔细找找拉茶和印度薄饼之类的小吃，或到**竹脚中心**杀价购物。**多美歌**离小印度只有地铁一站的距离，散步到这里，可以去买杯梧槽豆花水（豆浆）或豆花。这里的豆花可与香港糖朝的山水豆花媲美。

入夜后前往**克拉码头**，漫步在新加坡河旁欣赏浮尔顿饭店和驳船码头之间浪漫的景致，晚饭尝试这里的**松发肉骨茶**。新加坡肉骨茶分潮州式和福建式。福建式口味偏向台湾的药炖排骨，中药味厚；潮州式口味则清甜了许多。松发肉骨茶为潮州口味，使用大量大蒜与胡椒，口味特别，很值得一试。餐后搭乘**新加坡河游船**，欣赏这个城市水波潋滟中的五光十色。

DAY 4

○ **乌节路**（地铁欧南园站）➪ **Restaurant André 午餐**（地铁樟宜机场站）➪ **机场**

今天先到**乌节路**上游逛，进行离开新加坡前的大采购，建议的主要两处购物地点是ION购物城或先得坊。**ION**，总共有330多个店家。其中包含国际精品名牌和创意特色品牌，规模之大，应有尽有。**先得坊**，也是大型购物商城，但不同于国际精品。这里有更多的古典音乐、家具、艺术品等可供选择，是非常有特色的购物中心。

中午搭地铁前往位于**欧南园站**的 **Restaurant André**，品尝中国台湾名厨江振诚的手艺。不管是在中国台湾或是国际上都小有名气的江振诚，他自己的餐厅就开在欧南园大华酒店旁边。店内只有依据他的想法制作的套餐，午餐一人约250元新币。其做工细腻，并坚持其本人也必须在厨房亲力亲为，才敢为客人上菜。因此，他一旦生病，餐厅就不营业。这种种原则保障的用餐品质，让新加坡之旅在难得美味中画下句号。

行程9 另类跳岛4日游

新加坡是很大的交通中继站，也是许多国际企业的亚洲区总部所在地。因此，不少游客在真正旅游新加坡前，或许已经借出差、转机等各种机会，短短参观过本处，已经看过许多著名建筑，试过小印度风情，但这并不表示新加坡没有其他可以发掘。事实上新加坡的离岛也是一大特色，充满或自然原始、或悠闲高雅的不同情调，再访者不妨试试本行程。

本行程预算

交通费	70新币
饮食费	180新币
住宿费	500新币
杂支费	150新币
总计	**900新币**

DAY 1

机场（计程车转船）➪ **印尼民丹岛**

从机场直接搭计程车到**丹那美拉渡轮码头**（Tanah Merah Ferry Terminal），转搭渡轮前往印尼**民丹岛**。民丹岛的面积约为新加坡的两倍，印尼政府将民丹岛北部规划为特别行政区租给新加坡经营，以发展观光业。因为是特别区域，除外国人外，一般人出入并不方便，因此是很清幽的高级度假地。岛内交通主要利用住宿店的巴士，也有巡回接驳的公车，但是班次不是很密。民丹岛是一个步调缓慢的地方，来此应把心情放松，脚步放慢，好好享受高品质的离岛悠闲。

DAY 2

大象公园（饭店巴士）➪ **赛车公园**（饭店巴士）➪ **夜探红树林之旅**

早饭过后先到民丹岛上的**大象公园**逛逛。这里的苏门答腊大象训练良好，除能跟人打招呼、作杂耍外，还会算数。当然，也可试骑大象，非常有趣。再来到**小型赛车场**小试身手。民丹岛上的赛车场因为地处天然，开起车来相当舒适，车道虽然不大，但设计良好，门口还有赛车服装租借，完全可以做个半日赛车手。如果对海上活动特别有兴趣，也可直接参加饭店举办的海上运动一日行，举凡独木舟、浮潜、橡皮艇等都各有套装，直接向饭店预约即可。晚上则参加萤火虫与**红树林之旅**。这个活动是由向导驾着小船划进红树林，观察自然生态，不但有探险的刺激感，参加夜间的行程还能看到萤火虫。

DAY 3

民丹岛（搭船转地铁 Marina Bay 站）➪ **科学艺术博物馆**（步行 15 分钟）➪ **滨海湾花园**（步行 5 分钟）➪ **金沙酒店**

今日从民丹岛离开，前往新加坡最新建立的港湾区娱乐中心。首先参观形状有如莲花的**科学艺术博物馆**。这座博物馆不但时常有精彩的展览可看，建筑本身就精彩绝伦，不只外观奇异，其屋顶还有收集雨水的功能，所收的雨水转为洗手间使用，非常适合多雨的新加坡。

港湾周边的最新景观就是**滨海湾花园**。这里于 2012 年才开幕，有两座几乎可以跟“大榴莲”媲美的大型温室。温室内种植了各色花卉，摆设精心，甚至有超大型水瀑造型。户外最吸引人的就是高达 10 层楼的擎天树。其实它就是一个超大型的垂直花园。这里夜间有灯光表演，平日也可登上树与树之间相连的空中步道，一览港湾景致。

夜间回到著名的**金沙酒店**，除欣赏饭店的巨大宏伟外，这里众多的餐厅、购物区、熟食中心都是很好的游逛之地。吃饱饭后可以干脆进赌场一游，不赌也没关系，可以进去喝免费的饮料，看别人厮杀，也是一种乐趣。

DAY 4

乌节路（地铁机场站）➪ **机场**

在新加坡的最后一天当然要抓紧时间购物。今天的重点区域就是乌节路。首先到**ION 购物中心**。ION 是乌节路上的亮点，不但占地广大、名牌精品店众多，曲线外型也相当抢眼。里面光是新加坡的知名茶店 TWG 就有 3 家之多，地下室的饮食广场除美食外也有许多伴手礼可买。

左近的**义安城**也是相当大型的购物地点，结合了日本商品众多的高岛屋百货公司和专门引进的法国甜品店 Laduree，又是另一个购物的好地方。

前往**机场**后如果童心未泯，可以去第三航厦的地下二楼溜大滑梯。这是不用付费的。如果要寻求刺激，可以上三楼滑须付费的超巨大溜滑梯，为新加坡之行画下趣味的句点。

行程10 古迹探索4日游

50年前，新加坡被马来西亚踢出。当时的新加坡历经马来、英国、日本的统治，又曾渴望能被强大的马来西亚联邦认可，却在“马来西亚人的马来西亚”口号下被迫独立。极度缺乏资源的新加坡当时并不被看好，如今却成为经济强盛的国家。除强势领导、华人移民的勤劳外，与他族融洽是重要的原因。这个弹丸之地融合多种种族与多种强权的文化与遗迹，强烈的混合与反差正是其吸引人之处。

本行程预算

交通费	80新币
饮食费	130新币
住宿费	350新币
杂支费	150新币
总计	**710新币**

DAY 1

牛车水原貌馆（地铁 City Hall 站）➩ **土生华人博物馆**（地铁中峇鲁站）➩ **中峇鲁首批组屋区**

Check in 后直接到牛车水的**牛车水原貌馆**，从华人移民时期开始了解新加坡历史。原貌馆述说了早期华人移民的辛劳与生活，运用大量的文字和影像介绍，重建了当时移民的居住环境，虽然不大，但展览却很丰富。看罢可随意在牛车水一带漫步，看这里的**兴都庙**与**佛牙寺**，品尝小吃。之后前往**土生华人博物馆**，看看移民子孙在这块土地上的故事。“土生华人”，顾名思义，是指在本地出生的华人，早期移民多是男子，留在此地的多半与本地的马来女子通婚，所生子女亦以娘惹通称。因此土生华人文化混杂马来文化，非常特殊。在2008年开幕的土生华人博物馆本身是一座近百年历史的建筑，博物馆分为多个区域，以大批土生华人的生活用品和照片，分别介绍土生华人的宗教、食物、婚姻等文化。其中最特别的是要办12天的土生华人婚礼，颇值一看。土生华人博物馆外的长屋是新加坡早期的特色建筑。看完后到**中峇鲁**一带，见识新加坡首批政府组屋（HDB）所在地。自从政府开始兴建组屋后，目前新加坡的店屋只能在特定区域看到。新式组屋与摩天高楼无异，早期组屋却另有风格。目前，保存最完整的早期组屋群就在中峇鲁。探看之余，中峇鲁本身是很有风情的小区，酒馆食肆多，且有风味，晚饭不妨在此解决。

DAY 2

印度国民军纪念地（地铁小印度站）➩ 小印度（地铁武吉士站）➩ 武吉士（地铁 City Hall 站）➩ 市政厅（步行 10 分钟）➩ 新加坡历史博物馆（步行 20 分钟）➩ 浮尔顿酒店（步行 15 分钟）➩ 新加坡河游船

今天上午以参观移民中很重要的种族印度人聚居地为主。首先到**印度国民军纪念地**。这是坐落于滨海艺术中心公园中的一块小地界，为纪念第二次世界大战而建，主要是向日军侵占时期奋勇抗争的印度国民军阵亡的无名士兵致敬。同时参观有大榴莲之称的**滨海艺术中心**。之后前往**小印度**。这个地方地如其名，不只店家贩售印度食物及生活用品，路上有八成的人都是印度人，东西可杀价，空气中咖哩味也隐约可闻，完全就像置身于印度，非常有趣。

午餐在**武吉士站**解决。这一区域富于回教文化，随意漫游就能看见诸多清真寺，也是奇特的景观。本区特色小店很多，除文化外，也是美食天堂。下午参观英国殖民的痕迹，从**市政厅**开始，再到**新加坡历史馆**这个非常美丽的建筑内了解新加坡的历史。傍晚到也是殖民风格的**浮尔顿酒店**喝杯鸡尾酒，感受英国氛围。入夜到**克拉码头**搭游船夜游新加坡河，看灯火掩映下的美丽狮城。

DAY 3

地铁诺维娜站（步行 15 分钟）➩ 晚晴园（地铁武吉士站转公车）➩ 新山柔佛古庙（步行 15 分钟）➩ 华人文物馆（步行 15 分钟）➩ 新山城中坊

图片提供／DerFussi

孙中山纪念馆，原名明珍庐，为潮籍商人张永福为奉养老母晚年所购，改称**晚晴园**。后来张永福将晚晴园借给孙中山使用，中国同盟会新加坡分会也在此成立，并在晚晴园筹划了几次革命行动。目前展示许多孙中山先生的文物。之后前往与新加坡相临的马来西亚新山。该地区最有名的就是**柔佛古庙**。这座庙是本地华人的共同信仰，据说是新山最古老的建筑之一。柔佛古庙是由义兴公司的陈旭年和当时新山的各界人士于 19 世纪后期建造，象征潮州帮、福建帮、客家帮、广东帮和海南帮 5 个不同籍贯的人群相互合作，代表着早期移民精神。新山也有**华人文物馆**。这里的馆藏虽然没有新加坡来得具有动态性，却相当丰富，并完全代表本地特色，能深切了解港口城市新山的历史。华人文物馆外就是新山热闹的街市，特色小吃众多。这里的店家大多还保持着早年特色，尤其是面包铺还习用铁炉炭烤。其中协裕面包西店更是有名，其香蕉蛋糕非常美味。**新山城中坊**，位在国界，是大型购物中心，必游的原因是相同的物品在此处买约比新加坡便宜两成以上，且有名牌畅货中心在其中，不妨留点时间在此购物。

DAY 4

亚坤早餐店（步行 10 分钟）➩ 亚洲文明博物馆（地铁樟宜机场站）➩ 机场

早上搭地铁到牛车水站，到**亚坤早餐店**吃地道的新加坡早餐，半熟的鸡蛋、咖椰吐司和咖啡，之后前往**亚洲文明博物馆**参观。这个博物馆的建筑本是英国殖民时期的政府办公室，处处透出受英国统治时的雍雅风情，后来规划为博物馆，馆内有 11 个展区，以中国、东南亚、伊斯兰教等文化为主轴，馆藏十分丰富。而以欧式的屋宇装盛亚洲文物，恰似新加坡的写照，正是为这趟历史追寻之旅画上句点的好地方。午饭地点建议在樟宜机场。**樟宜机场**并不只是机场，在新加坡政府仔细规划下，亦是东部居民重要的购物、饮食及娱乐的地方，不仅占地广大，饮食与小店繁多，甚至也有许多娱乐设施，很有必要提早抵达好好游逛。

Chapter 5

分区导览篇

符号代表讯息

地 地点位置　电 相关电话　时 营业时间　网 相关网址　票 参观门票　费 费用　交 交通方式　注 备注事项

中区·滨海湾

众所瞩目的娱乐新天地

Central Region · Marina Bay

滨海湾，可说是新加坡重要工程建设的里程碑。早从 **1970** 年开始，新加坡政府便在新加坡河的出海口处进行大规模的填海造地工程，奠定了日后滨海湾的发展基础。时至今日，游客可以沿着滨海湾海岸，步行于 **3.5** 公里长的环形步道上，映入眼帘的是一栋栋地标性的建筑物。从滨海湾花园开始，穿过滨海湾金沙酒店，旁边就是艺术科学博物馆，经过双螺旋桥到新加坡摩天轮，再往前走可看到状似榴梿的滨海艺术中心，接着抵达中央商业区，可参观鱼尾狮公园、莱佛士坊等。一路走来，可以看出滨海湾的发展重点着重于居民的居住环境、工作与休闲娱乐，加上一系列观光活动的规划，发展成现今精彩无比、热闹非凡的滨海湾新天地。

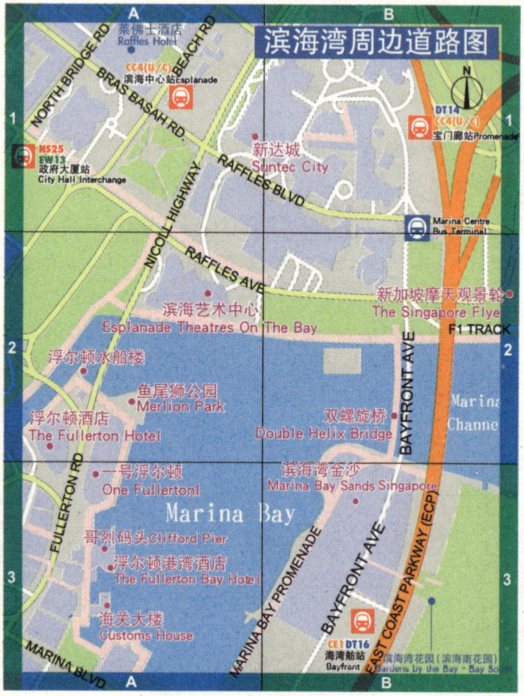

双螺旋桥 The Helix Bridge

从岸边远远望去，宛如麻花般的双螺旋桥让人为之惊艳。所谓的“双螺旋”就是采用两条不锈钢索在空中交缠环绕，再以支柱稳定骨架，拉出长280米、宽6米的弧形桥梁。其设计灵感来自人体基因DNA的螺旋结构，由澳洲与新加坡的建筑团队联手打造而成。

桥梁入口处是一座Youth Olympic Park，桥尾则通往滨海湾金沙，桥面设有5处观景平台，可供民众从不同角度观赏天际线及各种水上表演运动；到了夜晚，桥身的灯光闪闪发亮，形成滨海湾最美的一道弧线。

DATA

MAP ▶ P114.B2

交 搭乘地铁在宝门廊站（Promenade）下车，走 A 出口，沿 Temasek Ave 往南走，过了 Raffles Ave 交叉口可抵达桥梁入口

滨海艺术中心 Esplanade-Theatres on the Bay

自2002年开幕后，这座国家级的表演艺术中心立刻成为新加坡最闪亮的地标。远远望去，彷佛两只静卧在滨海湾的大贝壳，贝壳表面布满一片片铝制遮阳板，入夜后散发出金黄色的光芒，当地人私下昵称它为大榴莲，象征东南亚热带风情。内部空间以典雅欧风为主。其中的音乐厅（Concert Hall）和剧院（Theatre）请来知名声学专家Russell Johnson 担任设计，各国艺术家经常受邀在此演出。此外还设有购物坊（Esplanade Mall）、顶楼阳台（The Roof Terrace）户外剧场（Outdoor Theatre），让逛街、用餐与登高赏景变得很风雅。

DATA MAP ▶ P114.A2

址 1 Esplanade Drive 电 (65)6828-8377 网 www.esplanade.com 票 艺术中心设有 Guide Tours，由专人陪同导览音乐厅、剧院和公共区域等，需付费，详情请洽 Concert Hall InformationCounter 交 搭地铁在政府大厦站（City Hall）下车，沿 CityLinkMall 地下购物街直走，循着 Esplanade 指标可抵达；或搭地铁在滨海中心站（Esplanade）下车，走 D 出口直行可抵

新加坡摩天观景轮 Singapore Flyer

由东京知名建筑师黑川纪章与新加坡缔博建筑师事务所携手合作，以梯式桁架轮圈取代传统的三角桁架结构，创造出前所未见的观景轮，从2008年开幕后，其165米高的巨大规模震撼了全亚洲。

为了确保乘客安全，工程团队运用精密技术让28台观景舱在空中维持平稳，并装设了冷气与紫外线防护功能，每台可容纳28人，足以包场举办空中Party、喝下午茶或享受两人世界的浪漫晚餐，将狮城的滨海风光与摩天高楼尽收眼底。观景轮周边设有购物中心、户外希腊剧院、湾畔餐饮廊及热带雨林庭园，提供游客全新的感官体验。

DATA MAP ▶ P114.B2

址 30 Raffles Avenue 电 (65)6333-3311 时 08:30-22:30 网 http://www.singaporeflyer.com.sg 票 Singapore Flight 成人新币 33 元，3~12 岁新币 21 元。Signature Cocktail Flight 成人新币 69 元，3~12 岁新币 31 元。High Tea Flight 两人新币 99 元。Sky Dining 两人新币 269 元 交 搭乘地铁在宝门廊坊站（Promenade）下车，走 A 出口，沿 Temasek Ave 走，左转 Raffles Ave 直行可抵达

图片提供／新加坡旅游局

新达城 Suntec City

1984年，新加坡前总理李光耀邀请11位香港富商前来考察，最后决议联手投资，在风水大师指点下，以五栋高楼环绕一座喷泉的蓝图打造出“新达城”，企图将金融、会议、展览、观光、购物和娱乐等功能完美结合。自1997年开幕至今，吸引了无数商机与观光人潮。

购物中心由雅丽廊（Galleria）、热带区（Tropics）、喷泉平台（Fountain Terrace）及娱乐区（Entertainment Centre）组成，超过270 家商店分布于1公里长的走廊两侧，从名牌服饰、珠宝、音乐CD到餐厅、酒吧等，琳瑯满目，再加上电影院和家乐福，吃喝玩乐血拼一把抓。

DATA MAP ▶ P114.A1

址 3 Temasek Boulevard 电 (65)6295-2888 时 购物中心 10:00~22:00 网 http://www.sunteccity.com.sg 交 搭地铁在滨海中心（Esplanade）站下车，走 A 出口可抵新达城。或搭地铁在政府大厦站（City Hall）下车，从站内走 CityLink 地下购物街，循指标可抵达

浮尔顿文化遗产区 The Fullerton Heritage

在1920年，位于新加坡河口南面的滨海土地曾经是繁忙的货运码头，如今，通过当地政府的规划，昔日的旧建筑不但得以保存原貌，周围更打造了全新的娱乐景点，让古老与摩登在此相遇，形成浮尔顿文化区。

本区由鱼尾狮公园、浮尔顿酒店、一号浮尔顿、哥烈码头、浮尔顿水船楼、海关大楼与浮尔顿港湾酒店等景点所组成，无论用餐、住宿、高级购物或休闲享乐，都能坐拥滨海湾的天光云影及魔幻夜色。

DATA MAP ▶ P114.A2.A3
网 http://www.thefullertonheritage.com

图片提供 / The Fullerton Hotel

浮尔顿文化遗产区精彩推荐

精彩推荐 1 一号浮尔顿 One Fullerton

图片提供 / The Fullerton Heritage

邻近鱼尾狮公园的一号浮尔顿，运用金属和玻璃材质，架构出超现代的建筑外观，仿如阵阵凝固的海浪，在历史文化区里象征着崭新的活力。这里聚集了许多时髦的餐厅、酒吧及舞厅，前方的户外平台摆设露天座椅，可远望滨海湾的摩天轮、饭店群与 Marina Bay Sands，无论用餐、浅酌或跳舞狂欢都有开阔的海景相伴，越夜越美丽。

DATA 地 1 Fullerton Road 交 搭地铁在莱佛士坊站（Raffles Place）下车，走 B 出口，穿过公园，往右走 Battery Rd.，右转 Fullerton SQ.，左转沿 Fullerton Rd. 走，往右穿越十字路口可抵

精彩推荐 2 鱼尾狮公园 Merlion Park

传说在 14 世纪时，苏门达腊的王子乘船外出，途经一座岛屿，无意中发现一头奇怪的动物，当时王子以梵语唤它“Singa”，也就是“狮子”的意思；他深信这是个好兆头，立刻决定在此建立新城市，由于“城市”的梵文称为“Pura”，从此，新加坡和“狮城（Singaprua）”画上了等号。

为了见证新加坡从小渔村发展为国际都会，1972 年由当地艺术家将狮子的头和鱼的身体巧妙融合，打造出“鱼尾狮”标志，象征新加坡的热情好客。如今，伫立河口的鱼尾狮塑像，装设了灯光投影与喷水功能，当天色渐暗，坐在公园石阶吹风，观赏鱼尾狮和周围的高楼天际线融为一体，浪漫指数百分百。

DATA 址 位于一号浮尔顿（One Fullerton）正前方 交 搭地铁在莱佛士坊站（Raffles Place）下车，走 B 出口，穿过公园，往右走 Battery Rd.，右转 Fullerton SQ.，左转沿 Fullerton Rd. 走，往右穿越十字路口可抵

精彩推荐 3 浮尔顿水船楼 The Fullerton Waterboat House

图片提供／The Fullerton Heritage

水船楼，位居新加坡河口，兴建于 1919 年，为当时过往的船只提供水源与火力补给。如今，这座灰白色殖民建筑成了高级餐厅的象征。除 Starbucks 与 Sol Tasca 之外，新加坡最经典的法式餐厅 Le SaintJulien 已在此开设多年，深受政商名流的喜爱；位于 2 楼的 Bacchus Boathouse 则提供欧式料理，气氛优雅宁静。

DATA 址 3 Fullerton Road 交 搭地铁在莱佛士坊站（RafflesPlace）下车，走 B 出口，穿过公园，往右走 Battery Rd.，右转 FullertonSQ.，左转沿 Fullerton Rd. 走，过十字路口左转可抵

精彩推荐 4 浮尔顿酒店 The Fullerton Hotel

属于新古典主义风格的浮尔顿酒店，四周环绕着希腊式圆柱，气势非凡，1928 年完工后，由邮政总局在此营业，并从局里打造一条地下道直通码头，方便邮件运输。当时管辖殖民地的总督 Robert Fullerton，就成为建筑命名的由来。

1996 年邮政总局迁离，经过维修保护，于 2001 年以五星级饭店正式开幕，曾多次被《Conde Nast Traveler》杂志评选为“全球最好的 100 家大饭店”之一。1 楼的 Post Bar 由当年的邮政办公室改装。大厅中庭提供传统英式下午茶，昔日殖民情怀依稀不曾走远。

DATA 址 1 Fullerton Square 电 (65)6733-8388 网 http://www.fullertonhotel.com 交 搭地铁在莱佛士坊站（Raffles Place）下车，走 H 出口，沿 Bonham Street 抵新加坡河畔，右转沿河畔走约 5 分钟可抵

精彩推荐 5 浮尔顿港湾酒店 The Fullerton Bay Hotel

图片提供 / The Fullerton Bay Hotel

从饭店的任何角落望出去，都能轻易捕捉滨海湾的多变风貌，如此的设计巧思来自香港最受欢迎的年轻建筑师 Andre Fu，大胆运用玻璃作为饭店外墙，室内则搭配挑高的天花板，视野顿时变得宽广，100 间客房皆能坐看水岸晨昏。除了客房，这里的餐厅更是锋芒毕露，尤其位于顶楼的 Lantern Bar 围绕着露天游泳池，无论游泳或来杯调酒，都有世界级的滨海景观一起同欢。

DATA 址 80 Collyer Quay 电 (65)6333-8388 网 http://www.fullertonbayhotel.com 交 搭地铁在莱佛士坊站 (Raffles Place) 下车，走 B 出口，往右穿越 Fullerton SQ，从浮尔顿酒店过马路前往 One Fullerton，再右转沿着滨海散步道可抵达

精彩推荐 6 哥烈码头 Clifford Pier

为了纪念海峡殖民地总督 Hugh Charles Clifford 而命名的哥烈码头，自 1933 年完工后，众多海外移民纷纷由此登陆。为了指引船只靠岸便在码头边挂上红色的油纸灯笼，久而久之，“红灯码头”的名号竟然比 Clifford 还响亮。码头建筑属于 Art Deco 风格，大量采用拱形设计，时至今日，建筑摇身变为“外滩壹号”(One on the Bund) 餐厅，以古董、鸟笼、旧皮箱等元素作为摆饰，提供创意中国菜，将复古与新潮巧妙地融合在一起。

DATA 址 80 Collyer Quay 电 (65)6221-0004 时 周一至周五 12:00~15:00、18:00~23:00，周六、周日 11:00~17:00、18:00~00:00 网 http://www.wws.com.hk 交 搭地铁在莱佛士坊站 (Raffles Place) 下车，走 B 出口，往右穿越 Fullerton SQ，从浮尔顿酒店过马路前往 One Fullerton，再右转沿着滨海散步道可抵

图片提供 / One on the Bund

精彩推荐 7 海关大楼 Customs House

海关大楼完工于 1960 年，在本区的历史古迹中最具现代风格，强调建筑的简约与功能性。当时因为贸易日渐繁盛，海关警察们就坐镇在此勘察红灯码头一带的往来商船，负责指挥海上交通，直到滨海南 (Marina South) 等新码头兴建后才功成身退。目前进驻了许多餐厅与酒吧，提供各式异国料理，由于邻近滨海金融中心 (Marina Bay Financial Centre)，因此成为商务旅客的夜生活新去处。

DATA 址 70 Collyer Quay 交 搭地铁在莱佛士坊站 (Raffles Place) 下车，走 B 出口，往右穿越 Fullerton SQ，从浮尔顿酒店过马路前往 One Fullerton，再右转沿着滨海散步道可抵达

滨海湾金沙 Marina Bay Sands Singapore

耗资55亿美元打造的滨海湾金沙，自2010年开幕后，已彻底改变新加坡的城市风景线。这座综合娱乐胜地由美国知名建筑师Moshe Safdie操刀设计，规划出酒店、赌场、剧院、餐厅、博物馆、购物城、空中花园及会议展览中心等区块，在未演先轰动的造势下，成功掀起话题，如今已成为游客必访的世界级景点。MAP ▶ P114.B3

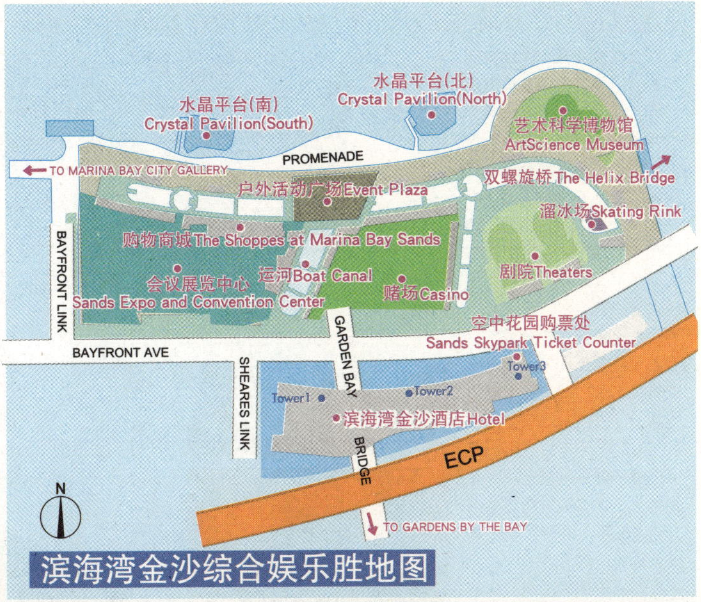

滨海湾金沙综合娱乐胜地图

图片提供 / Marian Bay Sands

滨海湾金沙精彩推荐

精彩推荐 1 滨海湾金沙酒店 Marina Bay Sands Hotel

图片提供／Marina Bay Sands

走在滨海湾畔，那排列宛如“川”字型的3栋建筑大楼，无时无刻不在侵袭你的视线。如此罕见的新地标，正是拉斯韦加斯金沙集团继澳门的威尼斯人酒店之后，又一项惊世创举。55层楼高、2560间豪华客房的规模，让它跃升为新加坡最壮观的酒店。

走进酒店，抬头观赏，会发现建筑正面虽采用垂直的梁柱，后方却是往前倾斜的设计，两者往上拉拔到23层楼才连结在一起，营造出宽阔的中庭与大厅。尤其第一栋大楼的倾斜角度更大达26度，堪称建筑工程史上最复杂的酒店。

酒店里的餐厅与商店就分布于中庭，坐在这里用餐彷佛置身森林般有绿意相伴。这些绿意来自高3米、重约1200公斤的巨大盆栽，由中国艺术家采用宜兴古老的烧陶技术制成，一个个排放在中庭，名为“升林 Rising Forest”。此外还请来多位国际知名艺术家为酒店量身创作，从Check in柜台到建筑外观，都能欣赏到大师级的独家作品。

DATA 地 10 Bayfront Avenue 电 (65)6688-0206 网 http://www.marinabaysands.com 交 搭地铁在海湾舫站（Bayfront）下车，走B出口可抵

精彩推荐 2 金沙空中花园 Sands SkyPark

距离地面200米高的空中花园，横跨于3栋酒店大楼的顶部，占地12 400平方米的宽广面积相当于三个足球场。专为酒店房客设计的户外游泳池，长150米，没有边界的设计让人彷佛漂游在半空中，可以俯视对岸的金融高楼群。最大的卖点当然是公共观景台，360度的无障碍视野，带你从截然不同的高度重新认识新加坡的滨海风貌。

DATA 电 (65)6688-8828 时 周一至周四 09:30~22:00，周五至周日 09:30-23:00 费 房客可持房卡免费进出，非房客则需购票，成人新币20元，2~12岁新币14元，65岁以上新币17元 注 售票处在酒店Tower 3大门外、Bayfront Ave路边，可找到通往地下楼的手扶梯，购票柜台就位于B1、B1有电梯可直达SkyPark。公共观景台每天设有三场免费导览，购票时即可预订。

精彩推荐 3 艺术科学博物馆 ArtScience Museum

远远望去，宛如一朵雪白的莲花绽放在水面，换个角度看更像一双张开的手掌，十指朝天伸展，如此吸睛的建筑竟然是一座博物馆。每根手指代表了不同的展览空间。指尖处设有天窗让光线透进来，手掌中央有个洞口，一旦下雨，雨水就滑进洞口垂直落到底层的水池，形成35米高的室内瀑布，聚集的雨水可以循环再利用，兼具环保功能。

博物馆由知名建筑师 Moshe Safdie 担任设计，外观采用特制的玻璃纤维强化塑胶（Glass Fiber Reinforced Polymer）制成，让建筑展现美丽的弧线却看不见任何缝隙，在新加坡建筑史上堪称一绝。超过5万平方英尺的面积里设有21个展馆，不定期邀请国际性知名作品前来参与，而永久性展览“创意之旅”则位于手指最高层的三个空间，借由多媒体科技与互动式设计让游客也能创造出独特的作品。

DATA 电 (65)6688-8826 时 10:00~22:00 票 All-access Pass 成人新币24元，2~12岁新币14元，票价包括参观馆内所有展览并可同日多次进出博物馆，只参观特别展览则视主题而票价不同 交 搭地铁在海湾舫站（Bayfront）下车，走D出口可抵

图片提供 / Marina Bay Sands

图片提供 / Marina Bay Sands

精彩推荐 4 滨海湾金沙娱乐场 Marina Bay Sands Casino

图片提供 / Marian Bay Sands

备受瞩目的赌场采用无梁柱的挑高设计，周围由四个楼层的特别席所环绕，号称全球最大的一座水晶吊灯，自天顶垂悬而下，镶满132 000颗施华洛世奇水晶，重达7.1吨，璀璨晶亮，教人不敢正眼逼视。

场内设有超过600张赌桌与1500台老虎机，各种热门桌牌游戏包括轮盘（Roulette）、21点（Black Jack）、百家乐（Baccarat）及视频扑克等，琳琅满目，绝对让赌客大呼过瘾。最顶级的贵宾区则藏在最高的两层楼里。这是专为会员提供的独家场所，不但拥有隐私空间，还能享受美食及全天候个性化服务。

DATA 费 外国旅客可持护照免费入场，新加坡公民需支付入场费新币100元起 注 所有入场者必须年满21岁 交 搭地铁在海湾舫站（Bayfront）下车，走D出口可抵

图片提供 / Marian Bay Sands

精彩推荐 5 滨海湾金沙购物商城 The Shoppes at Marina Bay Sands

图片提供／Marina Bay Sands

图片提供／Marina Bay Sands

走在80万平方米的宽敞空间里，光是300多家专卖店就足以让人逛到腿软，再加上BALLY、CHANEL、GUCCI、PRADA、Emporio Armani等名牌，顶着天王、天后级的光环齐聚于此，让时尚迷们永远都逛不腻；而Ralph Lauren更是抢先进驻，开设了东南亚第一家奢华精品店；来自我国台湾地区的iROO人气超旺，进军新加坡的旗舰店也交给了金沙。

除购物外，这里还兴建了溜冰场与室内运河，船伕摇着中式舢板滑行，两侧尽是摩登服饰精品，对比画面十分独特。逛累了，不妨到餐厅或咖啡屋享用精致佳肴，喜欢当地风味的人建议前往美食街“Rasapura Masters”，来自越南、泰国、日本、新加坡及马来西亚等国的亚洲小吃齐聚，全天候不打烊，是打牙祭的好去处。

DATA 交 搭地铁在海湾舫站（Bayfront）下车，走D出口可抵

精彩推荐 6 水晶平台 Crystal Pavilion

图片提供／Marina Bay Sands

图片提供／Marina Bay Sands

漂浮于海面的两座水晶平台是滨海湾金沙的创举之作。其独特的外型让知名品牌Louis Vuitton选在北侧平台开设浮动专卖店。室内装潢以航海为主题，再加进浓厚的文化艺术设计，营造出前所未有的购物空间，是LV迷此生必访的圣殿。

让派对迷与Party Animal凝神以待的世界级夜店则选在南侧平台登场。来自洛杉矶的Avalon，是知名演员Bruce Willis与Dan Ackroyd联手打造的Nightclub，聚集了国际级DJ和顶尖乐团，为东南亚的夜生活注入好莱坞星味。Pangaea以“Ultra-Lounge”的封号享誉全球，据点遍及纽约、伦敦、西班牙及迈阿密。Madonna、Prince、Sting、John Travolta等国际巨星都曾是座上宾。如今Pangaea将欧洲的Bottle Club型态带进新加坡，从DJ、鼓手、舞者到音乐曲风都让人大开眼界，还有美丽的Pangaea女郎为您提供开瓶服务哦！

DATA **Avalon** 址 Crystal Pavilion South L1 电 (65)6688-7448 时 周三、周五至周日 22:00-天亮 网 http://www.avalon.sg

Pangaea 址 Crystal Pavilion South B2-05 电 (65)8611-7013 时 周三至周六 22:00-天亮 网 http://www.pangaea.sg

Louis Vuitton 址 Crystal Pavilion North B1-38, B2-36 电 (65)6788-3888 时 周日至周四 10:00-23:00，周五、周六 10:00-凌晨 交 搭地铁在海湾舫站（Bayfront）下车，走D出口可抵达

精彩推荐 7 名厨餐厅 Celebrity Chefs

滨海湾金沙开创了餐饮界的超级梦幻组合，一次请到6位国际名厨来坐镇，为美食爱好者带来前所未有的极致体验。他们分别是来自纽约的 Daniel Bouludm 与 Mario Batali、洛杉矶的 Wokfgang Puck、巴黎的 Guy Savoy、雪梨的 Tetsuya Wakuda，以及新加坡的 Justin Quck，各个身怀绝技、得奖无数，拥有满腹的传奇故事。

Guy Savoy 和 Daniel Bouludm 都是荣获米其林三星级的大师；Tetsuya Wakuda 被誉为澳洲最优秀的厨师；主持过电视节目的 Mario Batali，首度在新加坡开设亚洲第一家餐厅；Wokfgang Puck 则从美国带来佳评如潮的顶尖牛排；而 Justin Quek 将法式烹调技术与亚洲菜肴创意结合，选在 200 米高的空中花园展开服务。

图片提供 / Marina Bay Sands

图片提供 / Marina Bay Sands

图片提供 / Marina Bay Sands

图片提供 / Marina Bay Sands

DATA **CUT（主厨 Wokfgang Puck）** 址 B1-71, Galleria Level 电 (65)6688-8517 时 18:00~22:00
db Bistro Moderne（主厨 Daniel Bouludm） 址 B1-48, Galleria Level 电 (65)6688-8525 时 午餐 12:00~17:00，晚餐 17:30~22:00
Guy Savoy（主厨 Guy Savoy） 址 Casino Level 2 电 (65)6688-8513 时 午餐 12:00~14:30，晚餐 18:00~22:30；每周日及周一公休
Osteria Mozza（主厨 Mario Batali） 址 B1-42-45, Galleria Level 电 (65)6688-8522 时 17:00~23:00
Waku Ghin（主厨 Tetsuya Wakuda） 址 Casino Level 2 电 (65)6688-8507 时 18:00~20:30；周五提供午餐 11:30~13:30（需预约）
Sky on 57（主厨 Justin Quek） 址 Sands Skypark, Tower 1 电 (65)6688-8857 时 早餐 07:00~10:30，午餐 12:00~14:30，晚餐 18:00~22:30

精彩推荐 8 滨海湾金沙剧院 Marina Bay Sands Theaters

图片提供 / Marina Bay Sands

拥有国际级专业设备的滨海湾金沙剧院（Marina Bay Sands Theaters），分为 Sands 和 Grand 两座，总共可容纳 4000 人，经常举办歌剧、舞台剧、音乐会或颁奖典礼。举世闻名的百老汇歌舞剧《狮子王》曾在此长驻演出，英国歌手 Elvis Costello 也为剧院的开幕献上了个人演唱会。详细的节目表与费用请上网查询。

DATA 交 搭地铁在海湾舫站（Bayfront）下车，走 D 出口可抵

中区·市政区

百年殖民的岁月痕迹

Central Region · Civic District

新加坡的市政区，又称为殖民区。英国东印度公司的史丹福·莱佛士（**Stamford Raffles**），自**1819**年起在新加坡建设港口，使新加坡成为当时兴盛的转口港开始，长达百余年的殖民岁月在此留下痕迹。行经市政区的几条街道，可见许多英国殖民时期留下的经典建筑。新古典主义建筑风格的市政厅和新加坡国家博物馆、圣洁庄严的亚美尼亚教堂、哥德式建筑的圣安德烈教堂、公平公正的旧最高法院、**200**多年历史的旧国会大厦，以及原为天主教男子学校的新加坡美术馆等，从“政府大厦”地铁站到“莱佛士”地铁站附近，历史悠久的殖民建筑与现代新颖的金融大厦交错的街景，刻画出新加坡风情万种的城市美景。

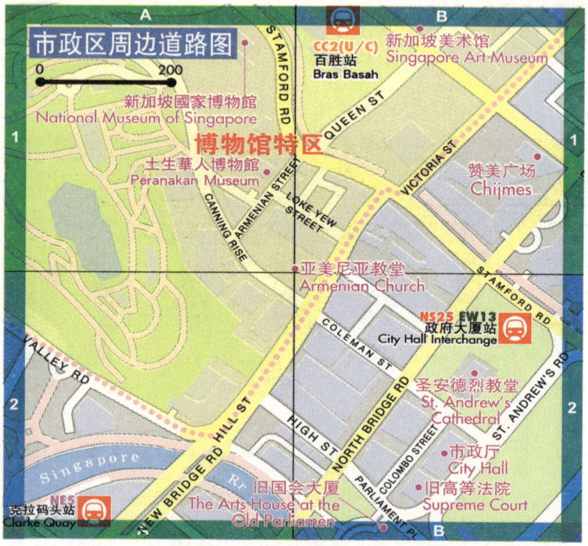

赞美广场 Chijmes

19世纪中叶，赞美广场原是一座耶稣圣婴修道院，后来由几位法国修女改设为学校，专门收容孤儿。1904年，由神职人员积极募捐增建了哥德式教堂，采用英法混血建筑风格，入口以5个扶壁拱门组成，648根科林斯（Corinthian）廊柱均刻有花鸟图纹，雕工精湛；而教堂内的彩绘玻璃窗全为手工绘制，极具观赏价值。

时至今日，教堂变成举行婚礼宴会的场所，昔日的学校旧址进驻许多艺廊、精品店，到了夜晚，教堂后方的喷泉广场点亮灯火，法国、日本、西班牙、意大利等20多家异国餐厅与酒吧齐聚，成为当地夜生活的最佳去处。喜欢聆听现场演唱的人，不妨走进le baroque享用欧式料理，在歌手带动下，热舞摇摆；只想安静浅酌的话，Table 108的亚洲小吃搭配摩登中国风摆设，适合聚会谈心。

DATA MAP ▶ P124.B1

址 30 Victoria Street 电 (65)6337-7810 网 http://www.chijmes.com.sg 交 搭地铁在政府大厦站（CityHall）下车，走A出口，沿史丹福路（Stamford Rd.）步行，右转维多利亚街（Victoria Street）可抵

市政厅 City Hall

放眼望去，很难不被市政厅的科林斯（Corinthian）圆柱群所震撼，一字排开，十分壮观，强烈展现新古典主义的建筑风格。1929 年由英国建筑师F.D.Meadows设计完工，从此伴随新加坡见证了一幕幕历史性画面，包括第二次世界大战后日军对英国投降、新加坡脱离马来联邦宣布独立等仪式，都在此举行。仔细观察，会发现每根圆柱的比例显得有点脚重头轻，据说是为了视觉美感而故意做此设计。

DATA MAP ▶ P124.B2

址 3 St. Andrew's Road 交 搭地铁在政府大厦站（City Hall）下车，走B出口，沿桥北路（North Bridge Rd.）走，左转哥里门街（Coleman St.），右转圣安德烈路（St. Andrew's Rd.）可抵

旧高等法院 Supreme Court

与市政厅比邻而建，完成于1939年，是新加坡最晚期的英国殖民建筑。青铜色圆顶昂然耸立，门面采用科林斯圆柱彰显气派，山形墙的浮雕由意大利艺术家Calvalieri Rudolfo Nolli创作，描绘正义女神的寓言故事，象征法院公正无私的精神。

在当地政府积极推广古迹再生的政策下，旧高等法院与市政厅目前正改建为国家艺术馆（National Art Gallery），以新加坡和东南亚的当代艺术作品为展览重点，占地6万平方米，预计2015年正式开幕。

DATA MAP ▶ P124.B2

址 1 St. Andrew's Road 交 搭地铁在政府大厦站（City Hall）下车，走B出口，沿桥北路（North Bridge Rd.）走，左转哥里门街（Coleman St.），右转圣安德烈路（St. Andrew's Rd.）可抵

圣安德烈教堂 St. Andrew's Cathedral

打从莱佛士登陆新加坡之后，欧洲各宗教门派纷纷前来传福音。圣安德烈教堂就是英国国教徒的聚会中心，由罗纳德麦佛森上校（Colonel Ronald MacPherson）设计，1862年兴建完工，属于早期哥德式建筑。为了节省成本，上校采用印度籍囚犯来从事工程建设，将石灰、贝壳、糖与蛋白调合成泥糊状，再掺入水与椰子壳作为石膏原料，拿来铺砌教堂外观。这种印度专有的建筑技术让教堂百年来始终光滑洁白。南侧的草坪上设有上校纪念碑，可顺道参访。

DATA MAP ▶ P124.B2

址 11 St. Andrew's Road 电 (65)6337-6104 网 http://www.livingstreams.org.sg/sac 交 搭地铁在政府大厦站（City Hall）下车，走B出口，沿桥北路（North Bridge Rd.）走到哥里门街（ColemanSt.）交叉口，可抵教堂外围大门

亚美尼亚教堂 Armenian Church

1835年，英国建筑师George D. Coleman 为亚美尼亚籍基督徒在新加坡建立首座教堂，将文艺复兴时期的帕拉第奥（Palladian）风格与亚美尼亚传统建筑巧妙融合，玲珑细致、圣洁庄严。为庆祝落成，教堂东面的山形墙刻有“1835”字样，南北西三面的门廊采用托斯卡尼多利式双圆柱，气质优雅，而教堂内的长条座椅采用藤制椅背，以符合赤道国度的凉爽需求。奇特的是，在尖塔外观的方形结构下，内部的空间格局却是圆的，颇耐人寻味。

DATA MAP ▶ P124.B2

址 60 Hill Street 交 搭地铁在政府大厦站（City Hall）下车，走B出口，沿桥北路（North Bridge Rd.）走，右转走哥里门街（Coleman St.）至禧街（Hill St.）可抵

旧国会大厦 The Arts House at the Old Parliament

当年，莱佛士计划在此处兴建政府机构，却因为行政管理的疏失，让土地所有权落入苏格兰商人John Argyle Maxwell手中，Maxwell积极商请知名建筑师G.D. Coleman为他设计私人豪宅，采用当时英国最流行的新帕拉第奥（Neo-Palladian）风格，于1827 年完工。然而Maxwell还没搬进去，莱佛士就发现了当初的失误，进而要求他将豪宅租给政府，作为法庭与市政办公室。直到1965 年，新加坡独立后才改名为国会大厦。

在侧门口可发现一尊青铜制大象雕塑。这是暹罗国王Chulalongkorn在1871年从事外交访问后，特别请曼谷师傅以手工打造，赠送给新加坡的礼物。1999年，新国会大厦完工后，这座新加坡最古老的政府建筑功成身退，改为艺术之家（The Arts House），举办各种展览与表演，同时也设有餐厅、酒吧和咖啡屋。

DATA MAP ▶ P124.B2

址 1 Old Parliament Lane 时 每天 10:00~22:00 网 http://www.theartshouse.com.sg 交 搭地铁在政府大厦站（City Hall）下车，走B出口，沿桥北路（North Bridge Rd.）走，左转哥里门街（Coleman St.），右转圣安德烈路（St. Andrew's Rd.），经过旧高等法院直行可抵

土生华人博物馆 Peranakan Museum

这栋欧式别墅的前身是新加坡最早的华人学校，1910年由福建会馆集资兴建，打造出独特的海峡殖民建筑。在设计上注重整体平衡感，方形柱身搭配古典柱头，两侧突出的阳台则讲究对称之美。1994年亚洲文明博物馆在此开设分部，以土生华人遗产（Peranakan Legacy）为常态性展览，而后封馆重建。2008年更名为“Peranakan Museum”对外开幕，通过老照片、珠宝、服装和古董家具等陈列，细说土生华人的混血文化与生活风俗。其土生华人文物收藏量之丰富，堪称亚洲第一。

DATA MAP ▶ P124.A1

址 39 Armenian Street 电 (65)6332-7591 时 周一 13:00~19:00，周二至周日 09:00~19:00；周五延至 21:00 闭馆 网 http://www.peranakanmuseum.sg 票 成人新币 6 元，6 岁以下免费；每周五 19:00~21:00 入场新币 3 元 交 搭地铁在百胜站（BrasBasah）下车，走B出口，沿 Stamford Rd 走到亚美尼亚街（Armenian St.）口右转可抵

新加坡国家博物馆 National Museum of Singapore

这是新加坡历史最悠久的博物馆，新古典主义的建筑完成于1887年，当时称为“莱佛士图书馆和博物馆”。为了赋予百年古迹以新的生命，历经3年封馆整修，在旧馆后方增建了新馆，并以一条玻璃走廊相连，将两馆完美融合，于2006年12月重新开放。

旧馆里设有历史展厅，通过文物、口述资料及影片等，以说故事形式道出新加坡的古今变迁。此外还有4个文化生活展馆，分别以传统美食、时尚潮流、摄影技术与电影戏剧为主题，呈现20世纪的民众生活。新馆则是一座玻璃圆楼，楼内设有360度投影萤幕，全天反覆播放影片，纪录新加坡繁忙的都会生活。

DATA MAP ▶ P124.A1

址 93 Stamford Road 电 (65)6332-3659 历史展馆 10:00~18:00。文化生活馆 10:00~20:00，18:00 之后可免费入场 网 http://www.nationalmuseum.sg 费 成人新币 10 元，学生及老人新币 5 元，6 岁以下免费馆内设有中英文免费导览，详情请洽柜台 交 搭地铁在百胜站（Bras Basah）下车，走 B 出口，沿步行道直走，遇 Stamford Rd 右转可抵；或搭地铁至多美歌站（Dhoby Ghaut）下车走 B 出口，延 Orchard Rd. 步行，经过 YMCA 后可抵

新加坡美术馆 Singapore Art Museum

这是东南亚第一座符合国际标准规格的美术馆。馆藏量超过7000件，精彩呈现东南亚20世纪当代艺术，并积极与全球各大博物馆合作，自开幕后，已陆续展出纽约古根汉博物馆、巴黎庞毕度中心、上海美术馆等馆藏作品。

1楼规划为常态展，走上2楼，除东南亚展览厅外，还可发现一个礼拜堂。这得追溯到1855年，法国神父Jean Marie Beurel在此创立天主教男子学校，校舍后来改建为两层楼的长条形建筑，中央耸立圆顶与钟楼，大门上方设有圆弧山形墙。当年的学校就是现在的美术馆，如今，教室变成展览厅，礼拜堂则身兼集会功能。

DATA MAP ▶ P124.B1

址 71 Bras Basah Road 电 (65)6332-3222 时 周一至周日 10:00~19:00；周五延至 21:00 闭馆，18:00~21:00 可免费入场 网 http://www.nhb.gov.sg/sam 票 成人新币 10 元，学生及老人新币 5 元，6 岁以下免费 注 馆内设有中英文的免费导览，详细时间请洽柜台 交 搭地铁在百胜站（Bras Basah）下车，走 A 出口，步行约 2 分钟可抵

中区·新加坡河

新加坡繁荣的起点

Central Region · Singapore River

总长约 11 公里的新加坡河从中央商业区（CBD）向南流入大海，是新加坡的主要河流之一。从史丹福·莱佛士于1819年在新加坡河口登陆后，新加坡从一个萧条的小渔村逐渐蜕变为繁荣的转口港，可以想象当时熙来攘往的船只停靠河岸的繁盛情景。但一如世界上所有大城市的河流，19 世纪时期也因严重污染，于 1977 年开始历经长达 10 年的全面整治。整治后的新加坡河焕然一新，水质干净、河岸绿意盎然。岸旁的货舱及商店重整成为今现的餐厅或酒吧；旁边的中央商业区已成为新加坡的经济动脉，使新加坡发展成为享誉全球的亚太金融中心。新加坡河这个新加坡繁荣的起点，承载着新加坡的历史回忆，正带领着新加坡在全世界大放异彩。

新加坡河周边道路图

驳船码头 Boat Quay

向晚的驳船码头褪去了白昼的高温，众多的餐厅和酒吧沿着新加坡河畔排列，纷纷点亮灯火，端来各式美酒佳肴，搭配璀璨的水岸风光，无论从哪个角度望去，都能坐拥金融区高楼夜景。

很难想象在150多年前，这里竟是苦力和水手讨生活的地方。当初，莱佛士将新加坡河南岸规划为华人区，驳船码头于1842年完工后，大批中国移民涌入，间接带动了港务贸易的繁荣。直到动力机械取代了传统驳船，昔日的码头与老店屋如今变成了用餐赏景的浪漫之地。

DATA

MAP ▶ P128.C1

址 位于新加坡河南岸，桥南路与浮尔顿酒店之间 交 搭地铁在莱佛士坊站（Raffles Place）下车，走 H 出口，沿 Bonham Street 抵新加坡河畔，往左可抵达驳船码头

阿卡夫桥 Alkaff Bridge

1852年，阿拉伯裔阿卡夫家族的成员抵达新加坡，拓展香料贸易事业。到了1923年，整个家族在当地累积近百家房地产，成为呼风唤雨的企业首富，为了纪念这个家族，后人将河畔中的一座码头取名为Alkaff Quay，而码头附近的桥梁也顺理成章地称为Alkaff。2004年，来自菲律宾的艺术家以52种颜色大胆创作，带给桥梁不同以往的生命力，缤纷的视觉效果，让人宛如走进了童话世界，心情为之雀跃。

DATA　MAP ▶ P128.A1

址 位于 Robertson Quay 前方的新加坡河面 交 搭地铁在克拉码头站（Clarke Quay）下车，走 C 或 E 出口，往左沿着河畔步道走，横越 Clemenceau Ave 后，步行约 3 分钟可抵

安德森桥 Anderson Bridge

由于加文纳桥的高度不足，一旦遇上涨潮，许多船只必须停在桥边等待潮退才能继续航行。为了解决困扰，安德森桥在1910年应运而生，不仅疏通了河道承载量，也缓解了加文纳桥路面的塞车问题。Sir John Anderson在1904～1911年被派到新加坡担任首长，任职期间曾协助当地居民奋勇抗击鸦片的侵袭，为感念他的功绩便将这座桥命名为Anderson。

DATA　MAP ▶ P128.C1

交 搭地铁在莱佛士坊站（Raffles Place）下车，走 H 出口，沿 Bonham St. 抵新加坡河畔，右转沿河畔散步经浮尔顿酒店，再往前走可抵

加文纳桥 Cavenagh Bridge

这是首座连接新加坡河南北岸的桥梁，完工于1869年，以悬索结构为基础，拉出优美的桥身线条。当时由东印度公司指派的最后一任首长Sir Orfeur Cavenagh即将卸职，桥名也就顺理成章地命名为Cavenagh，以兹纪念。在桥墩旁可发现几只猫的雕塑，体型相当迷你，据说是金氏纪录里最娇小的猫咪，仅生长于新加坡，当地人用马来语称为“Kucinta”，即Love的意思。往桥的右侧望去，几个小男孩雕塑正腾空跳入河中，惟妙惟肖，充满童趣。

DATA　MAP ▶ P128.C1

交 搭地铁在莱佛士坊站（Raffles Place）下车，走 H 出口，沿 Bonham St. 抵新加坡河畔，右转沿河畔散步可抵浮尔顿酒店，桥梁就在酒店前方

克拉码头 Clarke Quay

由旧店屋和仓库群改建的克拉码头，无论喝酒跳舞、享用异国料理或欣赏水岸风光，多年来始终深受当地人与外国游客的喜爱。

为了创造更舒适的休闲空间，码头所属集团不惜耗资千万，不定期重新整装，以喷水池为中心，向外划分成ABCDE 5个区域，60多家餐厅、酒吧、商店和舞厅散置其中，俨然一座超大型吃喝玩乐基地。昔日面河的露天座位如今化为莲花造型的用餐空间。一朵朵在河畔绽放，红黄蓝紫的圆顶灯罩从天垂悬而下，不仅挡风遮雨，还散发出奇幻光芒，传统与摩登在此结合。

DATA MAP▶P128.B1

址 3 River Valley Road 电 (65)6337-3292 网 http://www.clarkequay.com.sg 交 搭地铁在克拉码头站（Clarke Quay）下车，走C出口，往左沿着河畔走，往右通过 Read Bridge 可抵达

克拉码头精彩推荐

精彩推荐 1 克拉码头 Block C

克拉码头的C区向来是夜店大本营，也是舞迷和派对迷此生必 Fun 的朝圣殿堂。由于新加坡的跑趴族十分喜新厌旧，造成本区的夜店汰换率甚高，每隔一段时间就会有新舞厅进驻，即便是曾经火红的天王级俱乐部也可能会因故退出战场，打算来此狂欢的游客最好抱持随缘的心态，才不会失望。

位于C与E区交接处的“Le Noir”，在法文中是“黑色”之意，从内到外狂吹黑色优雅风格，集餐厅、酒吧、Lounge、派对场地于一身，可以慵懒也可狂野。热爱跳舞的人绝对别错过“ZIRCA Club”和“REBEL Boutique Club”。这种舞厅俱乐部保证让你夜夜沦陷，直呼过瘾。另外推荐位于B区的“Shanghai Dolly”。这家夜总会充满中国怀旧风情，拥有现场歌舞表演与各式美酒佳肴；老牌夜店“Crazy Elephant”设于E区，擅长蓝调摇滚曲风的乐团现场演出，让乐迷趋之若鹜。

图片提供／Shanghai Dolly

DATA **Le Noir** 网 http://www.barlenoir.com **Shanghai Dolly** 网 http:// www.stjamespowerstation.com
ZIRCA Club 网 http:// www.zirca.sg **REBEL Boutique Club** 网 http:// www.rebel.sg
Crazy Elephant 网 http://www.crazyelephant.com

精彩推荐 2 Attica

这是一家性感、疯狂又充满趣味的夜店，店内规划有 4 个不同主题的区域。位于 1 楼的酒吧灯光昏暗，弥漫诡异气氛，却能掳获不少年轻人的心；来到中庭，彷佛置身峇里岛，提供躺卧发呆的座位慵懒闲适；上了 2 楼就是热舞 high 翻天的 Disco Pub；沿着河畔还设有 Lily Pad 露天座位，视觉和心情随之变换。无论选择哪一区都有 R&B 的音乐相伴，来自知名 DJ 的现场播送，让 Attica 魅力无限。

DATA 址 3A River Valley Road, #01-03 Clarke Quay 电 (65) 6333-9973 时 17:00~03:00（周三、周五、周六延至 04:00）网 http://www.attica.com.sg 交 从克拉码头地铁站走 C 出口，左转沿河畔散步道直走，右转通过 Read Bridge，左转沿码头河畔可抵达 A 区

精彩推荐 3 G-max Reverse Bungy

新加坡河畔惊传尖叫声？没错，欢迎来挑战 G-max。这种 1995 年由纽西兰人研发的弹跳游戏，首度登陆新加坡，架设于克拉码头附近。经过严格测试的弹射座舱可容纳 3 人，利用绳索的一紧一松，将座舱抛向 60 米的高空，上下弹跳，并做 360 度旋转，紧张刺激 High 到最高点。此外还推出 GX-5 Xtreme Swing，让游客体验在新加坡河上空摇摆的快感。

DATA 址 3E River Valley Road 电 (65)6338-1146 时 14:00~凌晨 网 http://www.gmax.com.sg 费 G-Max 每人新币 45 元，GX-5 新币 45 元 注 必须年满 12 岁才能乘坐 交 搭地铁在克拉码头站（Clarke Quay）下车，走 E 出口，往左走余东旋路（EuTong Sen Rd.），过了新加坡河，左转河畔散步道可抵达 E 区

精彩推荐 4 紫禁城 The Forbidden City

由寮国华侨 Michel Ma 创设的 IndoChine 集团，在新加坡拥有多家餐厅与酒吧，分别以中南半岛的传统料理为主，将用餐喝酒的场景带往古老神秘的寮国、柬埔寨或越南。其中，位于克拉码头的"紫禁城"改装自百年中式古宅，是集团跳脱中南半岛的创意杰作。走过兵马俑塑像列队欢迎的庭院，就进入紫禁城内的 Madame Butterfly 餐厅及 Bar Cocoon，坐在古董坐椅里享用摩登中国菜，醉卧于鸦片床浅酌谈心，丝绸布幔迎风摇曳，恍惚中，不知今夕是何夕。

DATA 址 3A River Valley Road, #01-02 Clarke Quay 电 (65)6557-6268 时 午餐 12:00~15:00、晚餐 18:30~23:00，酒吧 15:00~03:00（周五、周六延至 06:00）网 http://www.indochine.com.sg 交 从克拉码头地铁站走 C 出口，左转沿河畔散步道直走，右转通过 Read Bridge，左转沿码头河畔前行可抵达

中区·乌节路

奢华的购物天堂

Central Region · Orchard Road

乌节路，位于新加坡的中心位置，是新加坡盛名远播的购物天堂。早在 19 世纪时，街道两旁尽是种满肉豆蔻、辣椒等香料的庄园，因此乌节路附近的路名如 **Scotts Road**、**Cuppage road** 等，都是以庄园主人的名字命名，而主要的大马路就命名为 **Orchard**，即中文“果园、庄园”的意思。乌节路购物天堂的历史，从 20 世纪中期 C.K. Tang（董氏）在乌节路开了第一家购物中心开始，当时相当有名的饭店与购物中心现今都还持续营业，如，希尔顿饭店、明阁饭店、PLAZA SINGAPORE、LUCKY PLAZA 等；20 世纪 80 年代后期逐渐往 Bras Basah Road 发展，从乌节地铁站到多美歌地铁站之间，各大百货公司林立，大大小小的百货商场、购物中心各有特色，精品名牌让人趋之若鹜，吸引着来自世界各地的消费者。

313@Somerset

与地铁站连成一体的313@Somerset，无论何时都充满人潮，除占尽地利之便外，其平民作风更是揪住人心的最大魅力。走进商场，面对琳瑯满目的平价品牌，绝对让型男靓女眼睛发亮，尤其西班牙的ZARA和日本的Uniqlo均设有分店，卖场面积超广、流行款式超多；而深受当地女生青睐的美国品牌Foever 21盘据两个楼层，服装饰品走个性化路线，色彩抢眼却不失优雅风格，保证让你荷包大失血。

逛累了，往地下美食街去，可品味轻食或咖啡，往上来到5楼的Food Republic，就有当地小吃等着你。如果喜欢露天餐厅的氛围，推荐到Discovery Walk 享用异国料理。

DATA MAP▶P132.B2

址 313 Orchard Road 电 (65)6496-9313 时 10:00~22:00 网 http://www.313somerset.com.sg 交 搭地铁在索美塞站（Somerest）下车，走 B 出口可直接进入商场地下楼

先得坊 The Centrepoint

新加坡历史最悠久的Robinsons百货就位于先得坊，以男女流行服饰及家居生活用品为主。偏爱英国时尚的人请到Marks & Spencer；喜欢冰品甜点就往地下1楼的Cold Storage超市去尝鲜。据说这里的冰淇淋专卖店可是新加坡首创第一家，从1903年至今传统风味始终没变。此外，娘惹糕饼店Bengawan Solo、土司工坊（Toast Box）和百胜厨餐厅（Prima Taste Kitchen）也都聚集在此，引人垂涎。

DATA MAP▶P132.B1

址 176 Orchard Road 电 (65)6737-9000 时 10:00~22:00 网 http://www.centrepoint.com.sg 交 搭地铁在索美塞站（Somerest）下车，走B出口，横越乌节路（Orchard Rd.）后，往右走可抵

威士马广场 Wisma Atria

威士马洋溢着异国时尚风情，除欧美的Cotton On、Karen Millen、Rare Attitude及Dorothy Perkins等知名品牌外，还有来自澳洲的Forever New、韩国的Nana Reve De La及Epunie；地下1楼则掀起休闲风，设有项链、手环、帽子、围巾等饰品店，吸引年轻族群前来寻宝。伊势丹百货（Isetan）与广场紧密相通，喜欢MANGO、NINE WEST、Song & Kelly等品牌的人，不妨顺道血拼。

想找个地方用餐或喝饮料，威士马前方的Indo Chine结合了餐厅、酒吧、咖啡座及啤酒花园等功能，提供多样化的美食休闲天地；喜欢品尝小吃的人，建议到4楼的Food Republic大快朵颐。

DATA MAP▶P132.A1

址 35Orchard Road 电 (65)6235-2103 时 10:00~22:00 网 http://www.wismaonline.com 交 搭地铁在乌节站（Orchard）下车，走D出口可直接通往威士马地下1楼

Knightsbridge

以巨大的媒体墙作为建筑外观，搭配鱼脊形玻璃设计，闪闪发亮，傲视整条乌节路。这座设置在新加坡君乐酒店（Grand Park Orchard）旁的高级购物中心，以伦敦时尚街区Knightsbridge 命名，可说是名牌旗舰店的聚集地，包括TOPSHOP、The Hour Glass、Brooks Brothers、Abercrombie & Fitch等，各自拥有独立的门面，成排的创意橱窗搭配街头艺术装饰，为乌节商圈带来全新的流行风景。

DATA MAP▶P132.B1

址 270 Orchard Road 电 (65) 6593-6999 网 http://www.knightsbridge.com.sg 交 搭地铁在索美塞站（Somerest）下车，走B出口往左沿着乌节路（Orchard Rd.）可抵达；或在乌节站（Orchard）下车，走A出口，行经幸运商业中心、百利宫可抵达

Orchard Central

不规则的建筑外观包覆着银灰色网状线条，白天的Orchard Central看起来不起眼，到了夜晚，隐藏其内的灯光开始流窜，远远望去，彷佛巨大的彩色宝石。这里完全不靠国际名牌撑场面，反而以个性小店闯出一片天。许多年轻人在此实现开店的梦想，从自创服装品牌、小饰品到各式新颖玩具等，充满寻宝乐趣。

散落于商场各角落的艺术作品，更是让人步步惊喜。来到中庭，高达四层楼的雕塑“Tall Girl”穿着红色厚底靴，象征Orchard Central 的独一无二；安置在大门前的“Nutmeg Grove”以不锈钢雕塑而成，呼应乌节路昔日曾为豆蔻园的历史。

此外，还设有一面号称全球最高的室内攀岩墙，业者引进Via Ferrata 攀岩模式推出多种课程，可依照个人程度来选择。位于11楼的屋顶花园进驻了多家餐厅，以高楼风光佐餐，适合约会谈心。

DATA MAP ▶ P132.B2

址 181 Orchard Road 电 (65)6238-1051 时 11:00~23:00 网 http://www.orchardcentral.com.sg 交 搭地铁在索美塞站（Somerest）下车，走B出口，往右沿乌节路（Orchard Rd.）走可抵

ION Orchard

拥有天后级购物排场的ION Orchard，自从开幕以来，6家名牌旗舰店齐聚，包括Cartier、CD、LV、PRADA、GiorgioArmani和Dolce & Gabbana，充满艺术格调的橱窗连成街边最美的一道时尚风景。400多家专卖店分占8个楼层，包括国际品牌、平价流行服饰、生活百货及美食广场；而澳洲颇负盛名的Witchery与Mimco，也在此开设亚洲首家专卖店。位居中庭的“1837 TWG Tea”是一家古典欧风茶馆，各式茶款皆可搭配甜点享受午后悠闲时光；设于4楼的ION Art Gallery专门展出亚洲现代艺术与多媒体创作。ION Orchard上方还连结了豪华住宅，楼高56层，最顶端设有瞭望台ION Sky，只要搭乘快速电梯直上即可360°俯瞰市景。

DATA MAP ▶ P132.A1

址 2 Orchard Turn 电 (65)6238-8228 时 购物中心 10:00~22:00、ION Sky10:00-20:00 网 http://www.ionorchard.com 票 ION Sky 成人新币 16 元，4~12 岁新币 8 元（购票处位于 4 楼），3 岁以下免费 交 搭地铁在乌节站（Orchard）下车，循地下通道指标可直接进入购物中心

中区·牛车水

古老的华人移民区

Central Region · Chinatown

牛车水，是新加坡著名的唐人街，也是世界上古老的华人移民社区之一，早在中国元代就记录了这个华人社区的存在。19 世纪时期，中国移民在此地种植槟榔与胡椒等植物；到英国殖民时期，莱佛士才将此区划分为华人居住区域，当时，新加坡的水源来自牛车水史必灵街（**Spring Street**）的水井，必须以牛车载水供应用水，故该地便以“牛车水”称之。牛车水的古老建筑物，具有相当丰富的中国色彩并融合马来西亚及英式风格形成独特的建筑特色。这里也保留了浓厚的华人历史与文化，充满传统风味的商店贩卖各式各样传统的手工艺品。这里的中菜馆与史密斯街（**Smith Street**）的露天小贩更是品尝美食的好地方。

牛车水美食街（史密斯街）Chinatown Food Street

在英国殖民期间，莱佛士非常重视各类手艺匠师，不但给予良好的待遇，连身份地位也仅次于商贾。当时铁匠和商人齐聚在此，铁匠的英文“smith”就成为街名。

新加坡独立后，这条街一度充满了小吃摊贩，却因过于脏乱而在1982年被勒令停业，退出牛车水。在新加坡旅游局规划下，昔日的大排档于2001年重现江湖，10多家摊贩均经过旅游局与美食专家的严格把关，确实通过卫生审核标准才能在此营业，举凡啰惹、蚝煎、福建薄饼、炒粿条及烧烤海鲜等，种类多到吃不完。

DATA MAP ▶ P135.B2

时 13:00~23:00（部分摊位 14:00 以后才营业） 交 搭地铁在牛车水站（Chinatown）下车，走A出口，沿宝塔街（Pagoda St.）右转丁加奴街（Trengganu St.），再左转史密斯街可抵

宝塔街 Pagoda Street

因为街口伫立着新加坡最古老的兴都庙，高耸的宝塔建筑相当醒目，因而成为这条街命名的由来。不过，老一辈华人还是习惯称它“广合源街”，在1850年，这条街充斥着专做苦力贩运的猪仔馆（被迫签下契约而卖身到海外做苦工的华人，称为“猪仔”），当时以“广合源号”的名气最为响亮，故广合源街的俗名便流传开来。如今猪仔馆早已销声匿迹，街道两侧的老店屋涂满了鲜亮色彩，充满中国风味的纪念品及古玩从1楼店面蔓延至人行道，让欧美游客爱不释手。

DATA MAP ▶ P135.A1

交 搭地铁在牛车水站（Chinatown）下车，走A出口可直达

牛车水原貌馆 Chinatown Heritage Centre

想知道中国移民当年如何冒险渡海抵达新加坡？离乡背井的苦力生活究竟有多辛酸？当时的店屋格房到底有多拥挤？走一趟牛车水原貌馆，所有疑问都将豁然开朗。

循着参观路线前进，每一层楼展示着牛车水不同年代的样貌。通过2楼昏暗的灯光及图文解说，影射出早期移民的惨澹遭遇；走上3楼，来到不夜天的黄金年代，路边小贩卖力地吆喝着，人声鼎沸、车水马龙。最写实的莫过于屋内的摆设，穿过暗无天日的长廊，昔日一家四五口挤在狭窄格房的艰苦生活，重现眼前。

DATA MAP ▶ P135.B1

址 48 Pagoda Street 电 (65)6221-9556 时 09:00-20:00 网 http://www.chinatownheritagecentre.sg 票 成人新币10元，3~12岁儿童6元 交 搭地铁在牛车水站 (Chinatown) 下车，走A出口，沿宝塔街 (Pagoda St.) 可抵

马里安曼兴都庙 Sri Mariamman Temple

全狮城最古老的印度教寺庙为何会盖在华人聚集的牛车水？话说当年史丹福·莱佛士抵达新加坡时，印度籍政府官员Naraina Pillay随行在侧，登陆后就在河畔南岸定居，暂时以木头搭建一个印度小庙，1843年整修为现在的红砖建筑，供奉马里安曼女神，专门驱逐霍乱、瘟疫等传染病。庙门上设有高耸的立体楼塔，数不尽的印度神明穿着鲜艳的衣饰，绕着楼塔四周或坐或站，姿态万千，雕工细致繁复，是标准的南印度庙建筑风格。每年10月固定举办的蹈火节（Theemidhi Festival）就在这里展开盛大仪式与庆祝活动。

DATA MAP ▶ P135.B1

址 242 South Bridge Road 电 (65)6223-4064 票 免费，在庙内如欲使用相机或录影机拍摄，需另付费 交 搭地铁在牛车水站 (Chinatown) 下车，走A出口沿宝塔街 (Pagoda St.) 走到底，右转桥南路 (South Bridge Rd.) 可抵

牛车水大厦 Chinatown Complex

想体验牛车水的平民生活，绝对要来这里逛逛。走进地下楼就是传统菜市场，行走其中得小心，别被兜售药草、乌龟、蛇或青蛙的小贩给绊倒。1楼卖场隔成一间间小店，举凡CD、运动服、电脑游戏、鞋袜等，物美价廉；上了2 楼，来到当地知名的美食中心，小吃种类众多，觅食人潮涌动。

DATA MAP ▶ P135.A1

址 Blk335 Smith Street 交 搭地铁在牛车水站 (Chinatown) 下车，走A出口，沿宝塔街（Pagoda St.）右转丁加奴街 (Trengganu St.)，直走到底可进入大门

中区·小印度

印度风情飘逸的地区

Central Region · Little India

小印度原是饲牧兴盛的地区，牛贸易曾经相当火热，直到20世纪初期，印度的淡米尔人逐渐在此区聚集并逐渐发展成为现今所见的小印度，想要买印度特色的金饰、印度的传统服饰沙丽、各式香料等，只要到小印度最热闹的实龙岗路（Serangoon Road）就可以找得到。这里也有不少印度餐厅可品尝道地的印度美食，甚至到竹脚中心的熟食中心，更可找到许多印度特色小吃；除此之外，此区的建筑充满印度特色。其中维拉玛卡里亚曼兴都庙是小印度的标志性建筑物，也是新加坡最古老的庙宇之一，色彩缤纷的窗棂与街上多彩多姿的沙丽相互辉映，勾勒出小印度的万种风情。

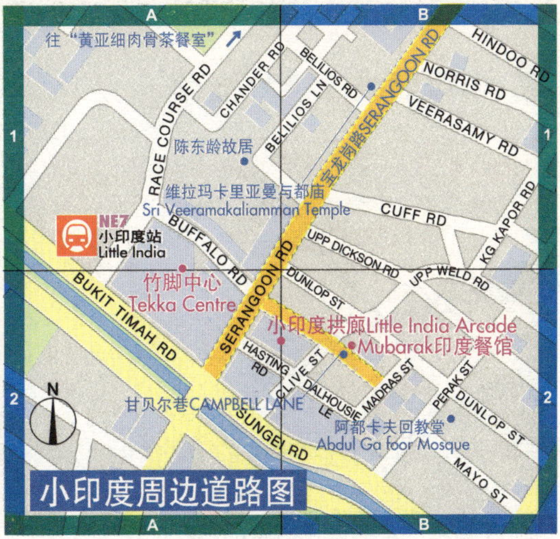

竹脚中心 Tekka Centre

从前，这一带曾经长满大片竹林，福建话称为“竹脚”，久而久之，就变成了这座市场的名字。1楼设有熟食中心，举凡印度煎饼、印度啰惹或黄姜饭等当地小吃，都找得到，而专卖中式粿类的“荣记熟食”与“炎成粿品”，设摊历史悠久，以口碑取胜；上了2楼，就进入服装、布料与古玩的世界。市场门口经常可见鸟卦算命摊，如果碰巧遇上了，不妨试试鸟儿卜卦的灵验度吧！

DATA MAP ▶ P137.A1

址 位于Serangoon Road与Bukit Timah Road交叉口 交 搭地铁在小印度站（Little India）下车，走C出口可进入市场

Mubarak 印度餐馆

街边不起眼的这家小店，看起来十分老旧，用餐人潮却挤到了走廊上。这里卖的是印度煎饼（Roti Prata）和拉茶（Teh Tarik）。只见印度老伯拿起两个钢杯，将其中一杯的炼乳奶茶垂直倒进另一杯里，如此反覆动作，在空中拉出长长的淡褐色线条，技术高超，让人拍案叫绝。

DATA MAP ▶ P137.B2

址 位于Campbell Land与Clive Street交叉口 交 搭地铁在小印度站（Little India）下车，走C出口，沿着武吉知马路（Bukit Timah Rd.），左转实龙岗路（Serangoon Rd.），右转Campbell Lane直走，可抵达Clive St.交叉口

小印度拱廊 Little India Arcade

由26间传统店屋组合而成的小印度拱廊，聚集了各式店铺，走进位于实龙岗路上的大门，举凡与印度人日常生活有关的货品，一应俱全，值得花时间慢慢寻宝。

DATA MAP ▶ P137.A2

址 48 Serangoon Road（竹脚中心对面） 交 搭地铁在小印度站（Little India）下车，走C出口，沿武吉知马路（Bukit Timah Rd.）走，左转实龙岗路（Serangoon Rd.）可抵达大门入口

小印度拱廊精彩推荐

精彩推荐1 印度传统甜点

在大门入口右侧有一家传统印度糕饼店，玻璃柜里摆着颜色鲜艳、造型可爱的甜点，引人垂涎。嗜吃甜食的游客不妨买一份gulab jamun来试试。这种以枫糖包裹的起司球甜而不腻，口味独特。

精彩推荐2 印度手环 &Pottu

喜欢混搭装扮的人可别错过Pottu，它是印度女性画在两眉中间的小红点。新马一带名为Pottu，在南亚则称Bindi，皆代表已婚身份，可让单身男性在寻找结婚对象时得以清楚辨识。如今的Pottu已打破传统习俗、化身为黏贴型首饰，颜色图案变化多端，成了未婚美眉追求时髦的宠儿。此外，五彩缤纷的手环与珠宝盒也深受游客青睐，不妨前来寻宝。

精彩推荐3 印度风格家饰品

充满浓浓印度风的各种家居用品，这里通通都有，包括窗帘、桌巾、灯罩及背包等，配色或创新大胆、或粉嫩鲜明、或对比强烈，全都通过动物图案或几何线条展现南亚热情。

精彩推荐4 印度彩绘

来到小印度，绝对要体验指甲花彩绘（Henna Painting）。这项传统艺术在北非与中东风行千年，传入印度后被发挥得淋漓尽致，并以梵语命名为Mehndi。Mehndi是采用指甲花的绿叶制成染料，在皮肤表层画上各种图案，据说可带来爱情和好运。演变至今已成为一种时尚装饰。在新加坡也不例外，拱廊里有几家商店可为游客制作手部彩绘，只要3分钟就能完成，价格约新币5~8元，图案在两周内会随着角质层的剥落而淡褪。

中区·圣淘沙

享誉国际的渡假胜地

Central Region · Sentosa

圣淘沙是新加坡南方的一个面积仅约 5 平方公里的小岛，最初只是一个小渔村。二次大战时，英国曾把这里当成军事要塞，后来新加坡政府为吸引国内外游客，促进观光产业，决定在此岛上开发旅游景点，并重新命名为“圣淘沙”，为马来语的“和平宁静”之意。2006 年新加坡政府为挽救逐渐流失的观光游客，决定在圣淘沙兴建圣淘沙名胜世界及环球影城主题公园，顿时间圣淘沙变成了一座充满欢乐的游乐园；而岛的南岸由丹戎海滩、巴拉湾海湾和西罗索海滩组成的 3.2 公里人造白沙滩，任何海上娱乐设施都可以在这里体验。精彩丰富的圣淘沙带给游客无限欢乐，难怪每年可吸引近 200 万名来自世界各地的游客。

圣淘沙岛地图

亚洲大陆最南端 Southernmost Point of Continental Asia

沿着Palawan Beach散步，可以看见一座悬索桥，入口上方挂有木牌，写着“Southernmost Point of Continental Asia”，通过摇摇晃晃的狭长桥面，就可踏上这座迷你岛屿。翻开世界地图，会发现整片亚洲陆地最南方的突出点，就在马来半岛尾端的新加坡，经过测量后，以吊桥和圣淘沙连接的这座小小岛，被证实为“亚洲大陆最南端”。岛上竖立一块标志，宣示着极南领土的地理意义，此外还设有木制观景台，可登高俯瞰南中国海。

DATA MAP ▶ P139.B2

交 搭乘岛上循环公车在 Palawan Beach 站下车，或乘坐海滩火车在 Southernmost Point 站下车，步行可抵

西罗索炮台 Fort Siloso

西罗索炮台，驻守于圣淘沙最西端。1880年，英国殖民政府在此设立海防堡垒，日后却沦为第二次世界大战的战场。经过整修的堡垒如今仍保有昔日的面貌，游客可选择徒步造访或乘坐Fort Siloso Tram游赏。园区设有陈列馆，从第二次世界大战日军侵略、英日交锋、新加坡沦陷到日本战败等过程，借助图文影像娓娓道来；Surrender Chambers则将日本与英军签下投降协定的历史画面，以蜡像形式逼真呈现。区内开放许多Tunnel让游客探索当年英军在地下道储存弹药的真实场景，并用蜡像展出英军的隧道生活。此外还可观赏炮火控制塔和1941年安装的各式大炮。

DATA MAP ▶ P139.A1

时 10:00~18:00 票 成人新币 8 元，3~12 岁新币 5 元。Fort Siloso History Passport 门票组合成人新币 14 元，3~12 岁新币 11 元 注 周五至周日及公共假日设有免费导览之旅，一天约两场，从英比奥山顶售票处乘坐 Fort Siloso Tram 前往，详细时间请上官网查询 交 搭乘岛上循环公车在 Siloso Point/Underwater World 站下车，步行可抵

Gogreen Segway Eco Adventure

新加坡政府相当重视环保议题，尤其在娱乐设施的选择上也费尽心思，于是骑上Segway（当地华语翻译成“思维车”）畅游圣淘沙，就成了既环保又充满探索乐趣的体验。这种利用身体重心转换来操控前进的个人电动车，设置在Beach捷运站旁的Gogreen环道上。初体验者可选择Fun Ride行程，先由专人指导训练，再上环道行驶一圈；想要更刺激的话，就来一趟Guide Eco Adventure，在教练带领下前进西罗索或丹戎海滩，从思维车的角度欣赏岛上美景。

DATA MAP ▶ P139.B2

址 位于 Beach Station 站旁 电(65)9825-4066 时 10:00~20:30 网 http://www.segway-sentosa.com 费 Fun Ride 新币 12 元，限 90 公分以上；Eco Adventure 新币 38 元，限 10 岁以上，另推出天黑之后的套装行程，详情请上网查询 交 搭乘岛上循环公车或海滩火车在 Beach Station 站下车，步行可抵

Songs of the Sea

史上第一座以海洋为舞台的声光表演秀，每晚在西罗索海滩上精彩登场。整套节目以水上高脚屋为故事背景，结合烟火、雷射、喷射水柱、火焰爆破、迷幻音乐及电脑合成影像等特效，诉说一段古老的海底传说。

年轻人Li在偶然机遇沉睡中的美丽公主Ami。当他得知Ami被施了魔法以致失去声音，遂自告奋勇要解救公主。在老虎鱼Oscar协助下，他一路过关斩将，途中与火王、光之精灵等海中之神交手，梦幻的剧情令人神往。

图片提供／新加坡旅游局

DATA MAP ▶ P139.B2

址 剧场位于 Beach Station 附近的海滩 时 19:40 及 20:40 各一场 票 标准座位新币 12 元，特别座位新币 15 元 交 搭乘 Sentosa Express 或岛上循环公车在 Beach Station 站下车，步行可抵

iFly Singapore

想体验高空跳伞又担心安全问题吗？由SkyVenture公司引进新加坡的iFly，号称全球最大的室内风洞跳伞舱。这是一种运用航空空气动力学原理设计的直立隧道，通过由下往上吹的强风让人飞翔在五层楼高的隧道里，完全不受天候与风向的影响，体验者可依照个人程度进行空中飘浮、翻滚、前后左右移动或360° 旋转，还能边飞边欣赏南中国海的美景。

iFly室内风洞舱通过专业团队重覆测试，强调零意外风险，并在舱底设有不锈钢网，可承载两只成年大象的重量，以保障飞行者的安全。只要穿上飞行套装，戴上头套、耳塞及护目镜等设备，就能安心享受高空跳伞的快感。

DATA MAP ▶ P139.B2

时 09:00~22:00（周三延至 10:30 开放）網 http://www.iflysingapore.com 费 The Challenge（2 skydives）成人新币 79~99 元，7~18 岁新币 70~90 元；The Adventure（4 skydives）成人新币 135~175 元，7~18 岁新币 125~165 元，价格会依淡旺季而调整，请以官网公告为准 交 搭乘岛上循环公车或海滩火车在 Beach Station 站下车，步行可抵

海底世界与海豚乐园 Underwater World and Dolphin Lagoon

这里展示的海洋生物多达2,500只，类别超过250种。奇幻的海底旅程就从拜访浅滩区的海星、彩色珊瑚开始，沿着标志动线，观赏一座座水族箱，海马、草海龙、金黄水母、绿色玳瑁等可爱生物从眼前游过，赏心悦目。当83米长的海底移动隧道出现，压轴好戏就此登场，站在输送带上缓缓前进，抬头看大小鲨鱼、鳗鱼及鳐鱼穿梭嬉戏，近距离的接触让大人小孩雀跃不已。

位于海底世界里的海豚乐园也深受游客喜爱，只要进入“Meet-the-Dolphins and Fur Seals”表演秀，就能欣赏罕见的粉红色海豚大秀特技，无论跳跃、顶球或用尾巴走路等，精彩绝伦。同时，园内也推出“与海豚共泳Swim with the Dolphins”、“与鲨鱼共潜Dive with the Sharks”及“脚底鱼按摩Fish Reflexology”等活动，有兴趣者不妨报名参加。

DATA MAP ▶ P139.A1

址 80 Siloso Road 电 (65)6275-0030 时 10:00~19:00 网 http://www.underwaterworld.com.sg 票 成人新币 29.9 元，儿童新币 20.6 元，3 岁以下免费；以上门票包含海豚乐园。参加“与海豚共泳”、“与鲨鱼共潜”必须另外付费，报名详情请上网查询。海豚海豹表演秀：11:00、14:00、16:00、17:45 各一场。如有变动，以当地公告为准 交 搭乘岛上循环公车在 Siloso Point/Underwater World 站下车，步行可抵

英比奥山顶景区 Mount Imbiah Lookout

圣淘沙岛拥有许多小山丘，位于西北方的英比奥Mount Imbiah正是其中一座，除空中缆车站之外，山顶还聚集了10多项娱乐景点，彼此相邻，只要以缆车站或英比奥捷运站Imbiah Station为中心点，步行5分钟就能分别抵达山顶的游戏设施，痛快玩个够。

DATA MAP▶P139.A1.B2

交 搭乘岛上循环公车在 Imbiah Lookout 站下车，或乘坐 Sentosa Express 在 Imbiah 站下车，步行可抵达山顶各项设施

英比奥山顶景区精彩推荐

精彩推荐1 鱼尾狮塔 The Merlion

从圣淘沙任何角度抬眼望去，几乎都能看见这座灰泥色的鱼尾狮塔，高达 37 米，身型壮硕，狮口大开，凝视着远方。塔内别有洞天，随着海龙、乌贼、小美人鱼等彩色雕塑前进，探索海怪的秘密，聆听鱼尾狮成为新加坡精神象征的传奇。乘坐电梯抵达 9 楼，就来到狮口，可俯瞰圣淘沙岛全貌；登上狮顶的观景平台，360°的开阔视野将圣淘沙、新加坡及邻近的印尼小岛全数尽收眼底。

在鱼尾狮塔正后方设有一条 Merlion Walk，仿自西班牙建筑大师高第风格的马赛克镶嵌作品，散落于步道上，充满童趣，不妨顺道一游。

DATA 时 10:00~20:00 费 成人新币 8 元、儿童新币 5 元；Merlion Walk 免费

精彩推荐2 新加坡万象馆 Images of Singapore

走入万象馆，循着展示动线前进，首先来到 Four Winds Trading Office 和 Four Winds of Singapore 两个陈列区，想知道新加坡为什么是由马来、华人、印度及欧亚混血四大种族所组成，在这里将获得完整解答。新加坡从小渔村变成贸易商港到独立建国，所有移民的奋斗生活则放在 Singapore Adventure 展区，通过许多家族遗物、老照片与人物蜡像，逼真呈现；而四大种族的传统节庆都收藏在 Singapore Celebrates，以蜡像和华丽服饰展出。

DATA 时 09:00~19:00 费 成人新币 10 元，3~12 岁新币 7 元

精彩推荐 3 Megazip Adventure Park

在欧洲风行已久的空中飞狐 Flying Fox 引进圣淘沙之后，正式命名为 Megazip，立刻吸引了无数玩家前来大显身手。只要站上 75 米高的丛林山顶，由专人解说并扣好安全环，拉着滑索纵身而下，就能以每小时 60 公里的速度，一路滑向 450 米外的海滩小岛。其高空下滑幅度目前排行全球第六。此外还有架设于三层楼高的 ClimbMax，利用绳索吊桥、木板、吊网等 36 道关卡，考验胆量、耐力与平衡力；Parajump 则模拟自由跳伞从 14 米高一跃而下，直接挑战玩家的恐惧极限。

DATA 址 Imbiah Hill Road（游戏起点位于英比奥山顶的探险公园，可在此购票）电 (65)6884-5602 时 11:00~19:00 网 http://www.megazip.com.sg 费 Megazip 新币 38 元，ClimbMax 新币 38 元，Parajump 新币 18 元；另有其他设施与套装行程，请上网查询 交 从 Imbiah Lookout 站循指标步行约 40 公尺可抵交叉路口，往左走 Imbiah Hill Rd. 约 150 米可抵探险乐园

精彩推荐 4 斜坡滑车及空中吊椅 Sentosa Luge & Skyride

斜坡滑车及空中吊椅由纽西兰引进，耗资新币 500 万元建造完工。全世界约有 11 个国家引进这种娱乐设施，但放眼全亚洲，只有在新加坡和日本才能体验，适合全家大小一起体验。在英比奥山顶坐上 Luge，从 12 层楼的高度沿着 650 米的蜿蜒跑道往下滑冲，记得抓稳驾驶杆，享受乘风滑行的舒畅快意。Luge 车上装有独特的煞车器，以方便游客自行控制速度，安全无虞。滑抵山脚之后可搭乘 Skyride 返回起点。

DATA 时 10:00~21:30 费 Luge & Skyride 新币 13 元，Skyride 一趟新币 9 元；另有各种优惠套装价格

精彩推荐 5 摩天塔 Tiger Sky Tower

这座摩天塔位于圣淘沙空中缆车站前方，当你坐进圆弧形观景椅台，垂直缓缓上升，伴随着 360° 水平旋转，短短 10 分钟就腾空来到海拔 131 米的高度，只见鱼尾狮塔、空中缆车及港湾货轮宛如玩具模型般蹲在脚边，朝远方望去，新加坡、马来西亚、印尼等岛屿逐一闯入观景窗，堪称世界级的奇幻体验。

DATA 时 09:00~21:00 费 成人新币 15 元，3~12 岁新币 10 元

圣淘沙名胜世界 Resorts World at Sentosa

历时3年、耗资新币65.9亿元打造的Resorts World at Sentosa，是一座世界级的综合娱乐度假胜地，占地49公倾，拥有东南亚唯一的环球影城Universal Studios Singapore、海事博物馆Maritime Experiential Museum及全球规模最大的海洋生物园Marina Life Park，同时还规划了6家饭店、两栋空中树冠豪阁、米其林名厨餐厅、名牌店林立的节庆大道FestiveWalk、ESPA亚洲旗舰店、会议中心、赌场等设施。

为了不破坏岛上的自然生态，特别请来美国知名建筑师Michael Graves担任设计，将整座娱乐城巧妙融合在热带雨林中，放眼所及，绿荫舒爽，即使待上3天3夜，依然如沐春风。

DATA MAP ▶ P139.A1.B1.B2
址 8 Sentosa Gateway, Sentosa Island 电 (65)6577-8888 网 http://www.rwsentosa.com 交 搭乘地铁东北线在港湾站（HarbourFront）下车，转搭Sentosa Express进入圣淘沙岛，在Waterfront站下车可直达

图片提供／圣淘沙名胜世界

圣淘沙名胜世界精彩推荐

精彩推荐 1 名胜世界娱乐场 Casino

这是新加坡设立的第一座赌场，室内采用温暖的橘红色调，让人心情为之愉悦。而博奕设施之丰富也毫不逊色，如超过500张赌桌、19种桌牌游戏、上千台吃角子老虎机等，绝对让游客玩得开心、博奕高手大呼过瘾。

场内的餐饮选择相当多样，从高档的Club到美食街的小吃，应有尽有。

DATA 票 免门票。外国游客凭护照即可入场

图片提供／圣淘沙名胜世界

精彩推荐 2 新加坡环球影城 Universal Studios Singapore

全球第 4 座环球影城就坐落在圣淘沙，由国际知名导演史蒂芬史匹柏担任创意顾问，所有娱乐景观皆以热门电影和电视剧为背景，包括史瑞克、变形金刚、马达加斯加、侏罗纪公园等，共创意设计成 20 多种游乐项目。其中有 18 项更是专为新加坡量身打造，带来前所未见的独家体验。整座影城规划为七大主题区，分别是纽约、好莱坞、古埃及、科幻城市、遥远王国、失落的世界与马达加斯加。其中人气最旺、惊吓指数破表的游乐设施，就属“变形金刚 3D 对决”、“木乃伊复仇记”与“太空堡垒双轨过山车”；而东南亚首座芝麻街主题景点则进驻于纽约区，喜爱儿童节目《芝麻街》的粉丝们将可借由歌舞秀与多项游乐设施，与 Big Bird、Elmo、Cookie Monster 及 Bert 等伙伴欢聚。此外，跟史瑞克、功夫熊猫及马达加斯加等动画明星合影留念更是大排长龙的重头戏，适合全家大小同乐。

DATA 时 10:00~19:00 票 1 日票（周一至周五）成人新币 68 元，4~12 岁儿童新币 50 元；1 日票（周六、周日及公共假日）成人新币 74 元，4~12 岁儿童新币 54 元；2 日票成人新币 118 元，4~12 岁儿童新币 88 元；以上价格将依淡旺季而有所变动，请上网参阅季节价格表，并提醒最好事先上官网或在国内向旅行社预约购票

图片提供／圣淘沙名胜世界

图片提供／圣淘沙名胜世界

精彩推荐 3 世界级住宿选择 Hotels

到圣淘沙名胜世界，你打算“玩”哪家饭店？在这座综合娱乐城里，六家饭店各自拥有独特主题与不同的客层，包括时尚摇滚的硬石酒店 Hard Rock Hotel、建筑大师亲手打造的迈克尔酒店 Hotel Michael、针对亲子设计的节庆酒店 Festive Hotel、专为赌场贵宾服务的康乐福酒店 Crockfords Tower、镶嵌在热带雨林中的逸濠酒店 Equarius Hotel，以及拥有 22 栋独立 Villa 的海滨别墅 Beach Villas。

周边的森林里还隐藏着两幢豪华的树冠阁楼，以“空中小木屋”为概念，分别架设在 7~12 米高的树干上，外观回归自然，室内设计以时尚简约为主，并提供私人管家服务；此外，尚有位于海洋生物园的 11 间海洋套房。游客可以择其所好，住得精彩。

DATA 电 (65)6577-8899（可预订名胜世界所有饭店客房）

图片提供／圣淘沙名胜世界

精彩推荐 4 节庆大道 FestiveWalk

走在节庆大道上，永远不会知道什么叫做无聊，因为这里包吃喝、重玩乐，60 多家餐厅遍布其中，无论是在地热门小吃、西式咖啡屋或酒吧等，都是从全球各地甄选而来，让人食指大动。

最特别的是几个独家专卖店都聚集在此，如，来自美国的内衣品牌 Victoria's Secret，性感俏丽的设计款式深受女性喜爱，而奇胡利艺廊 Chihuly Gallery 与迈克尔精品店 Michael Graves Gallery，在新加坡更是独一无二。此外也少不了 CHANEL、Chopard、Swiss Watch Gallery 等世界级名牌，提供多样选择。

DATA **Victoria's Secret** 址 The Galleria, Luxury Fashion, Level 2

Chihuly Gallery 址 Hotel Michael, Level 2

Michael Graves Gallery 址 Hotel Michael, Level 2

图片提供／圣淘沙名胜世界

精彩推荐 5 名厨餐厅 Celebrity Chefs

图片提供／圣淘沙名胜世界

图片提供／圣淘沙名胜世界

图片提供／圣淘沙名胜世界

被 Gault Millau 指南誉为世纪名厨的 Joël Robuchon，将带着他的 26 颗米其林星首次来到新加坡，选在迈克尔酒店推出两家餐馆，以法国传统料理征服你的胃。获颁米其林四星殊荣的德刚邦夫 Kunio Tokuoka 则将“邦夫餐馆”开在康乐福酒店，除引进日本怀石料理与茶道外，还带来创新佳肴。

图片提供／圣淘沙名胜世界

由澳洲名厨Scott Webster 指导、新加坡主厨Douglas 主持的“Osia”，强调以新鲜上等食材烹调出创意美馔；而明星主厨李国纬与新加坡同乐集团联手开设了“Chinois”，邀请宾客品尝他周游列国、不断研发的新菜单。

DATA **Joël Robuchon** 址 Hotel Michael, Level 1 电 (65)6577-7888 时 18:00~22:30

Kunio Tokuoka 址 Crockfords Tower, Level 2 电 (65)6686-3633 时 午餐 11:30~15:00，晚餐 17:00~23:00

Osia 址 World Square, Level 2 电 (65)6577-6560 时 午餐 12:00~15:00，晚餐 18:00~22:00

Chinois 址 Hotel Michael, Level 2 电 (65)6884-7888 时 午餐 11:30~15:00，晚餐 18:30~23:00

精彩推荐 6 夜间公共娱乐 Entertainment

当暮色低垂，设于圆形广场的“梦之湖 Lake of Dreams”与海滨坊的“芭蕾仙鹤 Crane Dance”将点亮整个夜空。“梦之湖”结合了喷水、激光与动画特效，营造出虚拟的狂想音乐剧；“芭蕾仙鹤”则运用光影、水雾、烟火及音乐等多媒体特效，在璀璨星空创造出一对 10 层楼高的巨型仙鹤，以舞姿诉说凄美浪漫的恋情。

DATA 票 位于开放性场地，可前往免费观赏

精彩推荐 7 海洋生物园 Marine Life Park

海洋生物园，分为 S.E.A 海洋馆（S.E.A Aquarium）及水上探险乐园（Adventure Cove Waterpark）两大区域，汇集了 800 多个品种，超过 10 万只海洋生物，号称全球最大的水族世界。S.E.A 海洋馆偏向静态展示。其中“深海奥秘”区可透过全球最大的观景窗领略壮观的海洋生态，使游客彷佛身在海底世界。而水上探险乐园则是融入了海洋生物元素的水上乐园，提供众多刺激的滑水道及戏水设施，包括东南亚第一个水上磁悬浮滑道，并有浮潜、触摸池等可体验活动与海底生物近距离接触。

DATA 时 S.E.A. 海洋馆 10:00~19:00，水上探险乐园 10:00~18:00 票 S.E.A. 海洋馆与水上探险乐园分开售票，海洋馆成人新币 33 元、4 ~ 12 岁新币 23 元；水上探险乐园依淡旺季而异，成人新币 29~33 元、4~12 岁新币 20 ~ 23 元

图片提供／圣淘沙名胜世界

精彩推荐 8 马来西亚美食街 Malaysian Food Street

位于圆形广场的美食街提供来自马来西亚各地的知名小吃，整个装潢以 1950 年马国路边排档、餐厅外墙为设计蓝本，营造出复古怀旧的用餐气氛。这将近 20 家的传奇美味包括吉隆坡的“记瓦鸡饭”及“凤凰饼家”、马六甲的“鸡粒饭”、巴生的“肉骨茶”、槟城的“亚妹福建虾面”、“海南卤面”及“林兄弟炒粿条”等，种类相当丰富，价格也很平民，约莫新币 6 元就能饱餐，饭后再来一碗南洋甜点冰品，料多实在又便宜。

DATA 电 (65)6577-8899 时 视各家摊位而不同，多数为周一至周四 11:00~22:00，周五、周六 09:00~23:00，周日 09:00~22:00，每周三公休

精彩推荐 9 新加坡海鲜共和国 Singapore Seafood Republic

由新加坡四大 A 咖级的餐厅合体组成的海鲜共和国，2008 年在日本东京品川开设创始店，生意好到必须两星期前预约才能排到座位，4 个月后，东京银座店趁胜开幕。2010 年海鲜共和国载誉归国，选在名胜世界开设第三家店。

这四家餐厅分别为同乐（Tung Lok）、棕榈滩（Palm Beach）、珍宝（Jumbo）、国际海鲜（Seafood International），在海滨坊宽敞的用餐空间里，联手端出 70 多道最拿手的经典名菜，辣椒螃蟹与黑胡椒螃蟹是必点的招牌料理，而泰式风味咖哩蟹、芥末炸虾、白胡椒蟹及香酥奶油蟹也不容错过，饕客可以一次吃个过瘾。

DATA 地 26 Sentosa Gateway #01-292 Waterfront 电 (65) 6265-6777 时 午餐 11:30-15:00，晚餐 18:00-23:00

西部区域

寓教于乐的天堂

West Region

西部区域是新加坡的工业重镇，至今仍充满活力的裕廊工业园区，是亚洲最早成立的工业区之一。裕廊岛、裕廊港更是新加坡现代工业的推手。此区也是教育的重要基地，新加坡国立大学（NUS）与南洋理工大学（NTU）就位于此区，为新加坡精英教育的最高摇篮。除工业与教育外，休闲娱乐方面，在知新馆里，游客可利用先进的数位科技，探索新加坡的发展过程；而在裕廊山的裕廊飞禽公园里，可见到数百种难得一见的珍禽，是可让游客近距离观赏鸟类的好地方。

新加坡知新馆 Singapore Discovery Centre

由国防部耗资千万打造的知新馆，坐落在武装部队军训学院区内，利用数位动画科技效果引领游客探索新加坡的过去、现在和未来。馆内分为5个主题区：其中"固定展览区"通过各种互动游戏，让人了解新加坡历史及都市建设，别忘了跟驻馆吉祥物机器人Little George打声招呼；"影像馆"的2D、3D放映剧场，以五层楼高的平面萤幕加上声光立体音响，彷佛身临其境；"射击场"经由电脑在大银幕播放各种模拟战况，考验手眼协调能力；若对军事训练有兴趣可报名参加"武装部队军训学院巴士之旅"，或来一场刺激的"彩弹射击游戏"吧！

DATA

MAP ▶ P148.A1

址 510 Upper Jurong Road 电 (65)6792-6188 时 周二至周日 09:00~18:00，周一公休 网 http://www.sdc.com.sg 票 成人新币 10 元，3~12 岁新币 6 元。知新馆 + 军事博物馆套票，成人新币 13 元，儿童新币 9 元。Shooting Gallery 每场游戏新币 6 元 交 搭地铁在裕群站（Joo Koon）下车，走 B 出口，沿 Benoi Road 往北走约 5~10 分钟可抵达；或在文礼站（Boon Lay）下车，走 C 出口，前往 Boon Lay Bus Interchange 搭乘 182 号或 193 号公车可直达

裕廊飞禽公园 Jurong Birdpark

这是东南亚规模最大的飞禽生态保育公园，占地20公顷，鸟禽品种来自世界各地，总数超过9000只。畅游园区可步行或搭乘单轨车，循着动线前进，首先映入眼帘的是长腿红鹤，成群伫立湖边，场面壮观；来到企鹅宫，可以观赏工作人员喂食企鹅的可爱画面；想一睹全球最大的鸟舍只要沿着人工瀑布走，就能看见各种鸟儿自在飞翔；走进东南亚珍禽屋，众多濒临绝种的鸟类在这里有了安定的家。

拜访飞禽公园绝对不能错过园内特有的精彩表演，如“空中禽王秀”、“飞禽伙伴秀”、“与鹦鹉共进午餐”等。在圆形剧场中，可见鸟儿大秀特技，逗得全场欢声连连；而在富士鹰园里，各种老鹰齐聚，只见驯鹰师一声令下，平日凶残的鹰隼竟也搞笑起来，不是呼啸飞过观众头顶，抢走零食，就是故意跟驯鹰师唱反调，趣味十足。

DATA MAP ▶ P148.C2

址 2 Jurong Hill 电 (65)6265-0022 时 08:30~18:00 网 http://www.birdpark.com.sg 票 成人新币 20 元，3~12 岁儿童新币 13 元；搭游园车成人与儿童分别是新币 5 元和 3 元 交 搭地铁在文礼站（Boon Lay）下车，走 D 出口，前往 Boon Lay Bus Interchange，搭乘 194 号或 251 号公车，在“Jurong Birdpark”站下车，步行可抵

北部区域

亲山亲水乐自在
North Region

北部区域与马来西亚仅隔一道狭长的柔佛海峡。新加坡兀兰的跨海大桥为通往马来西亚的主要道路。新加坡最大的自然保护区正位于北部区域内，因此此区域里的沼泽湿地、生态公园等天然景观十分丰富。武吉知马自然保护区宛如城市里的一座热带雨林公园，等着被游客探索。此处还有由政府评定为自然国家公园的双溪布洛湿地保护区，可近距离欣赏到巨型蜥蜴的身影。新加坡动物园与夜间野生动物园，兼具娱乐与教育功能，适合亲子同游以达到寓教于乐的目的。新开幕的河川生态园（**River Safari**）位于实里达上蓄水池（**Upper Seletar Reservior**）西岸，世界八大河川的生态一目了然，更倡导河川保育的重要观念，都是不容错过的好地方。

双溪布洛湿地保护区 Sungei Buloh Wetland Reserve

位于新加坡西北方的双溪布洛湿地向来是赏鸟爱好者的天堂，占地130公顷，土质林相包括红树林、潮泥滩、池塘与次生森林，动植物生态相当丰富，经过无数热心人士的积极推广，1989年，由当地政府评定为自然国家公园，2002年，改名为双溪布洛湿地保护区。

区内规划了黄、橙、紫3条路线及红树林木栈步道。黄色路线长约3公里，可观赏红树林的气根现象，寻找弹涂鱼、爬树蟹、巨型蜥蜴的踪影，约两小时可走完全程；橙色路线长约5公里，其中设有一段木板步道可直达红树林研习园；紫色路线长达7公里，脚程约5小时，可近距离探访淡水区的动植物。至于红树林木栈步道长约500米，只要半小时，就能享有穿越红树林的体验。

每年9月至翌年3月，成群候鸟从西伯利亚飞来，栖息在此避寒，掀起热闹的赏鸟旺季。平日可见的鸟类更是包罗万象，举凡紫鹭、小哨鸭、赤足鹬、白腹秧鸡等，搭配沿途设置的解说牌，加上游客自行携带的望远镜，一场精彩的赏鸟游戏随即展开。

DATA MAP ▸ P150.A1

址 301 Neo Tiew Crescent 电 (65)6794-1401 时 周一至周六 07:30~19:00，周日及公共假日 07:00-19:00 网 http://www.sbwr.org.sg 费 周一至周五免费，周六、周日及公共假日成人新币 1 元，学生、儿童新币 0.5 元 交 搭地铁在克兰芝站（Kranji）下车，走 C 出口，走到 Woodlands Rd. 的公车站牌，搭乘 925 号在“克兰芝蓄水池停车场（Kranji Reservoir Carpark）”下车，步行约 15 分钟可抵；保护区每逢周日或公共假日，925 号公车将直达保护区门口 注 园区内设有免费导览，请洽游客中心或上网查询时间表

武吉知马自然保护区 Bukit Timah Nature Reserve

隐藏在都会中的热带雨林究竟是何种模样？走一趟武吉知马自然保护区就能揭开神秘面纱。由于新加坡位居赤道地带，生态资源丰富，1883 年在英国殖民政府筹措下，成立当地首座自然保护区。区内规划了4条步行路线，建议先到游客中心索取地图指南，择其所好，再依循路标展开森林浴。

DATA MAP ▶ P150.B2

址 入口位于 Upper Bukit Timah Road 上 电(65)6468-5736 时 园区 06:00-19:00，游客中心 08:30-18:00 网http://www.nparks.gov.sg 交 搭地铁在纽顿（Newton）站下车，走 A 出口在史考特路（Scotts Rd.）的公车站牌搭乘 171 号，或沿 Scotts Rd. 往圆环方向走，左转武吉知马路（Bukit Timah Rd.）搭乘 170 号，皆可在“Opp Bukit Timah Shopping Centre”站下车，沿 Hindhede Drive 步行约 10 分钟可抵达游客中心

夜间野生动物园 Singapore Night Safari

图片提供/新加坡旅游局

这是全球第一座夜间野生动物园，运用岩石、溪流及花草树木等天然环境，营造出适合夜间动物居住的丛林世界。园内目前拥有超过1200只的夜间动物，通过先进的照明科技，在不干扰动物生活的情况下，让游客能清楚地观赏。搭乘总长3.2公里的游园电车，只需45分钟，就可亲眼目睹长颈鹿、美洲豹、尼泊尔犀牛、羚羊等动物。若喜欢追求丛林探险的刺激感，园内另有规划4条步道，分别是渔猫小径、花豹小径、森林小径与非洲荒野小径，步行其中，可近距离观察飞狐、花豹、麝猫、眼镜猴及猫头鹰的夜间生活。

DATA MAP ▶ P150.B1

址 80 Mandai Lake Road 电(65)6269-3411 时19:30~00:00 网http://www.nightsafari.com.sg 票 成人新币 35 元，3~12 岁新币 23 元，以上费用包含乘坐游园电车 交 搭地铁在宏茂桥站（Ang Mo Kio）下车，走 C 出口经过地下通道抵达公车转运站，在此搭乘 138 号公车在“Night Safari”站下车，车程约 25~30 分钟

新加坡动物园 Singapore Zoo

采用壕沟、岩壁及瀑布作为天然屏障，将野生动物分别安置在开放式的环境里，让游客隔着安全距离尽情观赏，各种定时表演的动物秀与骑乘活动为园区掀起最高潮。

DATA MAP ▶ P150.B1

址 80 Mandai Lake Road 电(65)6269-3411 时08:30~18:00 网http://www.zoo.com.sg 票 成人新币 22 元，3~12 岁新币 14 元 交 搭乘游园电车需另付费。搭地铁在宏茂桥站（Ang Mo Kio）下车，走 C 出口经过地下通道抵达公车转运站，在此搭乘 138 号公车在“Singapore Zoo”站下车，车程约 25~30 分钟；或搭地铁在蔡厝港站（Choa Chu Kang）下车，走 C 出口至公车转运站，搭 927 号公车可抵

河川生态园 River Safari

全球首座以河流生态为卖点的主题公园，以沟渠、溪流为天然屏障，布置成适合野生动植物居住的家。除步行观赏外，也可搭船体验“亚马孙河探索之旅”，与野生动植物近距离接触。

图片提供/coolinsights

DATA MAP ▶ P150.B1

址 80 Mandai Lake Road 电(65)6269-3411 时09:00~18:00 网http://www.riversafari.com.sg 票 成人新币 25 元，儿童新币 16 元 交 搭乘游园电车需另付费。搭地铁在宏茂桥站（Ang Mo Kio）下车，走 C 出口经过地下通道抵达公车转运站，在此搭乘 138 号公车在“Singapore Zoo”站下车，车程约 25~30 分钟；或搭地铁在蔡厝港站（Choa Chu Kang）下车，走 C 出口至公车转运站，搭 927 号公车可抵

东部区域

休闲娱乐的新兴市镇

East Region

新加坡的东部区域是柔佛海峡东边的重要渡口，与新加坡市中心有高速公路及地铁东西线连接，前往离岛的轮渡口多在位于此。至东北角的樟宜村可搭渡轮抵达乌敏岛及德光岛。德光岛，是新加坡士兵服役的地方；往南到丹那美拉渡轮码头，则可抵达度假胜地印尼民丹岛。此区多为人口集中的住宅区，知名景点多数位于樟宜（Changi）和巴西立（PasirRis）附近，可游赏位于樟宜监狱旁的教堂与博物馆，了解“二战”期间的新加坡历史与樟宜监狱的由来；之后可到樟宜村的熟食中心品尝东南亚美食；而搭地铁在最终站的巴西立站出站，就可前往拥有红树林湿地的巴西立公园，或可到新加坡最大水上乐园 **Wild Wild Wet Water Theme Park**。刺激的水上设施，让游客尖叫声不断。

樟宜监狱教堂、博物馆 Changi Chapel and Museum

第二次世界大战期间，日军曾占领新加坡，将战俘囚禁在樟宜监狱，并命令他们建造这座教堂，采用木质结构、茅草覆顶，前方设置两排露天座椅。大战结束后，为了纪念这段伤痛史实，新加坡政府重新整修并保留了教堂原貌，在墙壁上悬挂祈福板，让后代子孙能为当年死于囚狱的亲人留下祝福及想念话语。

教堂旁设有博物馆，陈列有许多战俘遗留的信件、绘画和照片。想深入了解当年历史，不妨前往参观；想购买相关纪念品，就到礼品柜挑选吧！

DATA MAP▶P152.B2

址 1000 Upper Changi Road North 电 (65)6214-2451 时 09:30~17:00 网 http://www.changimuseum.com 票 免费 交 搭地铁在丹那美拉站（Tanah Merah）下车，走 B 出口，到新上樟宜路（New Upper Changi Rd.）的站牌搭乘 2 号公车，在“Opp Changi Chapel &Museum”站下车可抵

樟宜村、小贩中心 Changi Village & Food Centre

樟宜村位于新加坡的东北角，在绿树掩映中拉出一片洁白的沙滩，适合散步、钓鱼或戏水弄潮。村内的店铺集中在樟宜村路（Changi Village Road）两侧，钓具、球鞋、T恤、桌布及蜡染服饰等，物美价廉。邻近的小贩中心可品尝多元好料。其中一家专卖回教食物的International Muslim Food Stall 经常大排长龙，记得试试这里的马来椰浆饭（Nasi Lemak），滋味令人难忘。村后设有一座Changi Point Ferry Terminal，由此搭船可前往乌敏岛。

DATA MAP ▶ P150.B1

International Muslim Food Stall 址 #05-57 ChangiVillage Food Centre 交 搭地铁在丹那美拉站（Tanah Merah）下车，走B出口，在新上樟宜路（New Upper Changi Rd.）的站牌搭乘2号公车，在“Changi Village”站下车可抵

乌敏岛 Pulau Ubin

乌敏岛，位于新加坡东北方外海。花岗岩的大量开采曾为岛民带来繁荣生计，矿业没落后，废弃的露天矿场被保留下来，如今变成历史遗迹，供游客缅怀。占地1020公顷的岛屿几乎被森林所覆盖，各种果树遍植其中。为了保护动植物生态，新加坡政府已将乌敏岛规划为自然公园，只要健行或骑单车，就能看见野猪逛大街，近距离观赏濒临绝种的鸟类。

DATA MAP ▶ P150.B1

电 (65)6542-4108 时 船只航运时间约06:00-20:00，天黑之后就没船班 网 http://www.nparks.gov.sg/cms 费 单程船票新币2.5元，上船后收费；携带单车上船需加收费用约新币2元 交 从樟宜村的Changi Point Ferry Terminal搭乘Bumboat，坐满12人即开船，约10~15分钟可抵

巴西立公园 Pasir Ris Park

巴西立公园，占地71公顷，淡滨尼河穿越公园流向大海，造就了6公顷的红树林湿地，踩着1.5公里长的木板道前进，可近距离观赏沼泽生态，发现蜥蜴、大泥鳅、爬树蟹的身影；登上三层楼高的展望台，就能看见各类鸟儿在林中跳跃，宛如世外桃源。园里还规划了露营区、烤肉区、迷宫花园、儿童游乐区、露天剧场等休闲设施。美丽的单车步道在蓊郁树林中蜿蜒，空气中弥漫着草香，特别吸引情侣在此牵手漫步。

图片提供 / National Parks Board

DATA MAP ▶ P150.A1

址 停车场入口位于Pasir Ris Green 网 http://www.nparks.gov.sg/cms 交 搭地铁在巴西立站（Pasir Ris）下车，走B出口，沿Pasir Ris Central往北走，横越Pasir Ris Drive 3，接行Pasir Ris Green，经由停车场可进入公园

Wild Wild Wet Water Theme Park

该园号称新加坡最大水上乐园。刺激的滑水道从8.5米高处急速滑下，一路弯曲转折，畅快到底；6人座橡皮船Ular-lah 适合全家乐或三五好友同舟，体验天旋地转；Slide Up 的难度排名第一，游客必须乘坐滑艇摆荡在U 形陡坡之间，让人惊叫连连，大呼过瘾。

DATA MAP ▶ P150.A1

址 Downtown East，1 Pasir Ris Close 电 (65)6581-9128 时 周一、周三至周五13:00~19:00，周六、周日及公共假日10:00-19:00，周二公休 网 http://www.wildwildwet.com 票 成人新币19元，3~11岁新币14元 交 搭地铁在巴西立站（Pasir Ris）下车，走A出口，沿Paris Ris Central前行，右转Paris Ris Dr.3，过桥后左转Pasir Ris Close可抵入口。或从地铁站旁的公车站搭乘公车3、6、17、354号，在“Dowtown East”站下车可抵

Chapter 6

旅游资讯篇

实用资讯

掌握资讯安全第一

治安

新加坡一向以严刑峻罚来维持良好的治安环境，尤其鞭刑更是远近驰名，也因此新加坡是世界少数可以安心在深夜出门的国家。不过新加坡因外来人口较多，安全上还是须多加注意，如，龙蛇混杂的红灯区“芽笼区”或印度人较多的小印度区，女性最好不要半夜独自前往，以策安全。

相关急难救助单位

- 新加坡警察局拨打 999
- 新加坡消防队、救护车拨打专线 995
- 旅外国人急难救助全球免付费专线 001-800-0885-0885
- 中国驻新加坡大使馆 Embassy of the P. R. China in Singapore 地址：150 Tanglin Road, Singapore 247969（东陵路 150 号，新加坡 247969 邮区）电话（领事部）：64712117（一般咨询），92971517（仅限紧急领保求助，不接受证件咨询）E-mail: chinaemb-sg@mfa.gov.cn 网址：http://www.chinaembassy.org.sg/chn

商店营业时间

新加坡的商店跟大部分亚洲国家相同，营业时间往往很长，大部分 shopping mall 和商店的营业时间从 11:00~22:00 左右；酒吧的营业时间大多从下午开始持续到凌晨；银行的营业时间多为周一至周五 08:30~16:30、周六上午 08:30~13:00。

通讯

新加坡直拨中国

国际冠码 00 + 中国国际代码86 + 去掉区域号码 0 + 对方电话号码

例如，要打回中国的市内电话为(010)8888-6688，拨打电话顺序为 00-86-10-8888-6688。

中国直拨新加坡

国际电话码 00 + 新加坡国码65 + 对方电话号码

例如，要打到新加坡的市内电话为 6666-8888，拨打电话顺序为 00-65-6666-8888；拨打新加坡手机方式相同。

预付卡Prepaid Card

新加坡的预付卡十分好用，不论打当地及国际电话或 3G 上网都十分方便且便宜。新加坡的电信公司主要有 SingTel、StarHub、和 M1 三家，旅客在机场或市区的门市就可以购买，每家提供的方案不同，以 Singtel 为例，拨打当地电话每分钟 0.08 元、国际电话加国际冠码 019 拨打可享新加坡市话费率，上网部分一天 2GB 只要新币 6 元、3 天 6GB 新币 15 元，十分划算。

handy旅游手机

handy 是一家提供旅游手机服务的公司，旅游手机就是一般的智能型手机，不过服务内容包括无限 3G 上网、无限拨打国际电话与本地电话，以及内建丰富的旅游资讯，租用费用每日只要新币 15 元，手机亦可当作无线基地台，连接笔电上网；此外手机里内建多款实用的旅游 APP，如，Google 地图可随时定位不会迷路，还有业者精心设计的新加坡旅游 APP，提供丰富的旅游资讯，任何好吃好玩的，只要打开手机跟着走就对了。

DATA
地 新加坡游客中心@乌节路 费 每日新币15元 网 http://handy.travel/sg

公共厕所

新加坡因 shopping mall 四处林立，因此厕所多位于 shopping mall 里，一般地铁站是都没有厕所的，就连咖啡店或餐厅也几乎都没有厕所，都需要走到 shopping mall 里面使用，大部分的厕所都不需付费即可使用，唯牛车水附近较老旧商场的厕所，使用时需支付新币 0.2 元的费用。

医疗须知

新加坡的紧急医疗救助电话是 995，在紧急医疗情况下，救护车服务是免费的，但是否为紧急医疗则须到院后由医师判断，若医师判断为非紧急医疗情况，则须支付约新币 200 元的救护车费用。

若感冒或小伤口至一般普通诊所就诊即可，收费大约新币 50~100 元，重大意外则需至当地医院，就医后记得向医院或诊所索取收据正本、费用明细、诊断书等就医资料，以利返国时向保险公司申请保险理赔或向我国医保部门申请核报海外自垫医疗费用。

邮寄服务

新加坡邮政（SingPost）是新加坡最普遍的邮务服务公司。新加坡邮政跟中国的邮局一样，也提供民众存汇的服务。新加坡邮政大多位于地铁站附近的 shopping mall 里，详细营业点可上网查询（www.singpost.com），网络上还可搜寻邮件和包裹的寄送进度，此外，新加坡最常见的邮务公司还有联邦快递（FedEx）和 DHL，价格也不会比新加坡邮政贵，也提供上门收件的服务，相当方便。另外，想要在新加坡寄明信片回中国，只要在新加坡邮政里的 SAM 机上直接操作购买明信片，含邮资大约新币 0.3~0.5 元，写完后直接投入邮筒即可，相当方便。

饮食须知

计费方式

在一般的餐厅、饭店或酒吧消费，结账金额尚须加上 17% 的额外费用，包括服务费 10% 及政府税 7%，因此若不想花太多钱，可以将食物打包外带，节省 10% 的服务费；想要更省荷包，那就到速食店、商场里的美食中心、户外的熟食中心、小吃店用餐，这些地方都不收服务费和政府税。

卫生分级

新加坡政府从 1997 年开始，实施餐厅卫生分级，包括餐厅、小吃店、饮料摊及食物摊等，针对所有贩售食物的地方进行卫生评估，从环境清洁、制作流程、食物保存，甚至个人卫生与健康，都纳入评估范围，划分出 A（优）、B（良）、C（中）及 D（差）4 个等级。新加坡政府还会派人不定期抽检，也难怪就算在露天的熟食中心，环境也都非常整洁和卫生，就算新加坡天气炎热，也不必担心吃到不卫生的食物。

用餐小须知

1. 用餐时，服务员会问你要点什么“水”？“水”就是各式各样的饮料和凉茶之意。若被问到要“包的”还是“吃的”，“包的”就是打包外带，“吃的”就是内用的意思。在熟食中心点菜时，可以用“参参”表示要混搭，例如，炒面和米粉参参、珍珠和椰果参参。此外，在速食店点餐，点套餐常用“set”或“combo”，单点，是法文的“A la Carte”。

2. 新加坡因穆斯林众多，许多餐厅或美食中心会提供符合伊斯兰教规的清真食物，又称哈拉食物（Halal Food）。只要在餐厅外面看到标示“Halal”的字样，表示这家餐厅没有提供猪肉、酒精性饮料，且所有的食材均须依伊斯兰规定方式处理，不过哈拉食物食用起来的口感跟一般食物无异。

3. 在新加坡市中心或金融区，一到用餐时间，附近的熟食中心或美食中心就会人潮涌动。因新加坡天气炎热，每个人都会携带面纸出门，逐渐产生用面纸来占位子的特殊文化，只要放一包面纸在桌上就表示这位子是有人的，不过须注意，用面纸占位并非每次都行得通，常常有人因此发生争执，闹上警局及媒体版面。

返程入境报关须知

返程进入中国是，禁止带入境的物品主要有以下几种：

①各种武器、弹药、爆炸物；造的货币、有价证券以及制造设备。②对中国政治、经济、文化、道德有害的印刷品、胶卷、照片、录音带、录像带、CD、VCD 及计算机存储介质等。③烈性毒药。④鸦片、吗啡、海洛因、大等能致人成瘾的麻醉品、迷幻药品、精神药品等。⑤带有危险病菌、害虫及有害生物的动、植物及其品。⑥有碍人、畜、植物的，能导致传播病虫害的水果、仪器、药品或其他物品。

趣味 Singlish

搞懂新式英语拉近距离

虽然新加坡式英语（Singlish）经常让外国人摸不着头绪，迫使当地政府极力推广标准英语（English），但这种由多元种族长期共处所融合的当地语言，充满了丰富有趣的庶民文化，从某些角度来看，其实更具魅力。

所谓“Singlish”是以英语为主，但在谈话进行中，不时会穿插许多马来字、印度文或福建话等，外来人猛一听，还真是雾煞煞。想要快速贴近当地生活吗？不妨先恶补几句新加坡式流行用语再出发！

Singlish常用语助词

Singlish	中文	解释
Can lah.	是啦！可以啦！	Can. 是 Yes 的意思，lah 是“啦”。
Can ah？	可以吗？	ah 在这里是疑问语助词。
Can lor	是啰！我想也是。	Yes. I think so. 有认同对方的意思。
Can leh.	当然是的。	Yes 的加强语。leh 是“ㄌㄟ”的发音。
Can hah？	你确定是吗？	Are you sure？ hah 是疑问语助词。
Okay lah.	OK 啦！	lah 就是“啦”，是新加坡人在句尾最常用的语助词。
Sorry ah.	我很抱歉啊！	I'm sorry. 这里的 ah 是肯定语气。

新式英语简单范例A to Z

A	Alamak	在马来语中，表示“惊讶”或“怀疑”的意思。 例：Alamak! Why you go and do this sort of stupid thing？
	Again？	英文的 I beg your pardon？（可以再说一遍吗？）。但在新加坡为求快速简便，常常直接说 Say again？
B	Buay pai seh	以福建话发音为“呒拍谢”，指不会觉得不好意思。 例：You everyday let her buy you drink, buay pai seh ah？
	Buay song	以福建话发音为“呒爽”，指不快乐。 例：She got new boyfriend. You buay song ah？
C	Can	英文的 Yes. 或 No problem. 例： Beng：Eh, Seng, lend me your car,leh. Seng：Can.
	Chio	指女孩“很漂亮”。 例：Your sister very chio, I like to meet her next time.
D	Die die	指“无论如何都要”或“打死都要”。 例：Die die must try.（打死都要吃）
	Don't play play	Don't fool with things beyond your ability.（别胡闹！不要太疯狂！） 例：Don't play play ah! You want to borrow can, but this camera very expensive lor!
E	Early don't say.	英文的 Why didn't you say something earlier？（为什么不早说？） 例：Eh, why early don't say you can't come？
	Eh Sai Boh？	以福建话发音为“乀塞　”，英文的 Is it possible？ 例：Need to use your bathroom, eh sai boh？
F	Fetch	英文的 Drive（载）。 例：Eh fetch me on Friday to the airport!

G	Go where？	英文的 Where shall we go？（我们要去哪里呢？） 例：Eh, tonight go where and makan？
H	Heng	即“幸运”之意。 例：This week very heng;teacher delay our exam to next week.
	Hah？	英文的 What？（什么？可以再说一遍吗？） 例：Hah？ Speak slowly. Can or not？
I	Is it？	常放在句子最尾端，意指“是吗？是这样吗？”。 例：Like to eat spicy food, is it？
J	Jambu	马来语的“美丽”、“漂亮”。 例：Ah look who got new dress! Eh jambu.
K	Kopitiam	以福建话发音，即“咖啡店”；kopi（咖啡），tiam（店）。
	Kiasu	以福建话发音为“惊输”，即“害怕落后输人或失去”的意思，也是新加坡人相当典型的人格特质。 例：Look at him so kiasu pushing people away to get a seat on the bus first.
L	Look see	英文的 To take a look.（去看看） 例：Come let's go look see at the new food court.
	Lai dat	英文的 Like that. 例：He look like a pig lai dat.
M	Makan	以马来话发音，指“吃”或“美食”。 例：Are you makan？（你吃饱了吗？） Eh, Newton Circus is a good place for makan.
N	No nid	英文的 No need. 或 Not necessary.（不需要）。
O	Oleng joo	英文的 Orange Juice。 例：Don't want lime joo, want orleng joo.
P	Pai seh	以福建话发音为“拍谢”，即“抱歉”或“不好意思”。 例：Pai seh, I forgot your name, sorry ah.
Q	‘Q’	此字仅出现在 Singlish，意指“排队”。在机场或购物中心前排队等计程车，通常可见“Please Q.”的指示牌。 例：Wah liao，‘q’ so long, what! Neh mind, catch MRT better.
R	Relak	英文的 Relax。
S	Stylo mylo	英文的 Stylish 或 Hip（时髦）。 例：Wah, your new shoe very stylo mylo.
	See no touch	英文的 Look but do not touch.（只能看，不能碰） 例：Tell your children see no touch ah, this things very expensive okay!
T	Talk 3 talk 4	源自福建话的“讲三讲四”，即“聊八卦”的意思。 例：Ah Lian：Call me for what？ Ah Soh：Nothing lah, just talk 3 talk 4 only lor.
U	Ulu	以马来话发音为“呜噜”，指“偏远”的地方。 例：Why you take me to Kranji this sort of ulu place？
V	Very good, very good, who ask you？	“好，很好，谁叫你要这样？”有责备的意思。 例：You ask my advice then never listen, very good, very good, who ask you？
W	Wah liao!	比英文的 Wow!（哇！）更惊喜的当地用法。 例：Wah liao! So big durian I never saw before.
X	Xie xie	中文发音为“谢谢”，即英文的 Thank you。基本上，新加坡式英语没有 X 的音，通常发成 S。
Y	Yan dao	以福建话发音，形容男人“潇洒”、“很帅”。 例：My brother so yan dao! Got many secret admirers.
Z	Zuo bo	指“无聊”或“懒散”。 例：Today got no money lah, what to do？ Just stay home lah, what to do zuo bo.

北京市版权局著作权合同登记图字：01-2014-4942
策　　划：丁海秀　李荣强
责任编辑：张　毅

图书在版编目（CIP）数据

第一次自助游新加坡超简单／行遍天下记者群编著、摄. --北京：旅游教育出版社，2015.1
ISBN 978-7-5637-3070-4

Ⅰ.①第…　Ⅱ.①行…　Ⅲ.①旅游指南—新加坡
Ⅳ.①K933.99

中国版本图书馆CIP数据核字（2014）第272158号

本书由台湾宏硕文化事业股份有限公司授权出版

第一次自助游新加坡超简单

行遍天下记者群　编著·摄影

出版单位：旅游教育出版社
地　　址：北京市朝阳区定福庄南里1号
邮　　编：100024
发行电话：（010）65778403 65728372
65767462（传真）
本社网址：www.tepcb.com
E-mail：tepfx@163.com
排版单位：北京旅教文化传播有限公司
印刷单位：北京嘉业印刷厂
经销单位：新华书店
开　　本：720毫米×1000毫米　1/16
印　　张：10
字　　数：198千字
版　　次：2015年1月第1版
印　　次：2015年1月第1次印刷
定　　价：32.00元
（图书如有装订差错请与发行部联系）

第一次自助游
新加坡
超简单